サステイナブル・
カンパニー入門

ビジネスと社会的課題を
つなぐ企業・地域

大室悦賀 著

SUSTAINABLE COMPANY

Nobuyoshi Ohmuro

学芸出版社

はじめに

　近年多くの社会的課題が顕在化し、その量と質は増え続けるばかりです。一方でそれらを解決するために様々な取り組みが全国あるいは世界でおこなわれています。しかしその多くは根本から社会問題を解決する手法を提示できず、対症療法に終わっています。また、それに代わるシステムとして公益資本主義、シェアエコノミーなどの言葉が台頭しています。本書の基本的な問いは、これらの現状を良い方向に向かわせるために、社会にとってどのような企業の経営スタイルが必要なのか、そして今後どのような企業を育てたらいいのか、そして何より社会的課題を生まない社会やシステムとはどのようなものなのか、を探求することです。

　これまでも社会的課題を解決する企業の議論はたくさんありました。しかし、一部の企業が社会的課題の解決に挑戦しているだけでは、社会的課題が減少するどころか、増えるばかりです。一般の企業においても企業の社会的責任の必要性が叫ばれていますが、経済優先を切り離せない表面的な取り組みとなっており、企業はNPOを見習うべきだという声もあります[1]。本書では、社会的課題を解決するだけではなく、一般企業が「いかに社会的課題を生まないか」という視点にも目配せし、企業経営について考えていきます。

　このような企業経営を考える背景には事例で紹介するような経営者との出会いがありました。それらの経営者は、多くの場合に社会的課題の解決を目的とした社会的企業やソーシャル・ビジネスではない、と答えます。たとえば、IKEUCHI ORGANICの池内社長は、「環境に配慮した経営をしているが、それが企業経営にとって当たり前だからであり、それ以上でもそれ以外でもない」、またサラダコスモの中田社長は「社会に貢献できない企業は存在できない」と言い切ります。松下電器産業（現パナソニック）などの日本企業の多くがわれわれの生活の質の向上という社会的課題を解決

するために創業され、1980年代まではドラッカーも述べるように企業は社会的課題の解決をビジネス機会として捉えてきました[2]。しかしながら、生活が豊かになるにつれ、生産される製品、商品やサービスの目的が、社会的課題の解決から個人の豊かさに移行していき、いつの間にか社会的課題が切り離されて、常に貨幣と個人の関係を中心に、特定の人々の利潤最大化の手段になり、それ自体が目的化してきました。

　一方で社会的企業は社会的課題の解決に集中し、持続的なビジネスにならないことが多くあります。それは社会的課題を直接ビジネス化しようとするからで、もともとビジネスから零れ落ちた課題、つまりビジネスに取り入れられなかったことを直接改善、ビジネス化しようとするところに大きな壁があり、最初から非常に困難な状況を自らに課しているのです。さらにその困難な状況をなんとかビジネスとして成立させようとすると、非常に狭い領域をターゲットとせざるをえず、その周辺の多くの社会的課題が置き去りにされていく傾向があり、社会的課題を放置・拡大させているともいえます。一方で、このような社会的課題の解決志向が、市場において特段すぐれた商品やサービスにすることを停止させ、市場で生き抜ける商品等の創出を妨げています。市場は市場であり、市場を利用するのであれば考えられる最高の商品等を送り出す必要があります。

　つまり経済と社会を分離して捉えるような状況から、筆者は真に社会的課題を解決しようとするならば、企業が社会的課題を生まないこと、社会的課題とビジネスをつむぐこと、その両者を同時に捉えることが必要で、そのためには企業のあり方を変えることが必要であると考えていきました。

　この経営スタイルを考える場合にも、ビジネスが主たるテーマであるため、当然企業の持続的な発展を考慮する必要があります。持続的な発展とは、株主のみならず多様な利害関係者（消費者、従業員、サプライヤー、地域社会、NPO、自然環境）や次世代に配慮した発展のことです。ここで配慮とは、平等に扱うという意味ではなく、なるべく負の影響をもたらさないという意味で、言い換えると社会的課題を生まないことです。これが、

本書のテーマともなっているサステイナブル・カンパニー（Sustainable Company）です。その持続的発展の視点の主たるテーマがイノベーションです。本書では、イノベーションを①新商品の開発、②新生産方法の開発、③新市場の開拓、④新仕入先の獲得、⑤新組織の構築・再構成、そして⑥社会革新・自己革新として捉えています[3]。

　本書においては、社会的課題を解決する／生まない経営とイノベーションを両立する、あるいは社会的課題を解決する／生まない経営スタイルがイノベーションの源泉になるという視点から説明していきます。とくに本書では、多様な利害関係者に配慮する、あるいは社会的課題の解決にかかわるイノベーションをソーシャル・イノベーションとして位置づけ、サステイナブル・カンパニーをソーシャル・イノベーションの視点から紐解いていこうとしています。社会的課題を解決する／生まない経営について考える際、すでに多くの研究蓄積があるイノベーションをアナロジー（未知の状況に直面した場合、その事態を既知の事柄に置き換えて理解しようとすること）として使います。加えて、本書は学術書ではありませんが、これまでの研究の成果を簡易にまとめたもので、既存研究から仮説を抽出し、その仮説を事例研究し検証するスタイルをとっています。しかしながらすべてを検証できていない仮説にとどまる部分もあります。

　また、本書の中心的概念として「つむぐ」という言葉を使った理由は、単に主体をつなぐのではなく、それぞれの物語を撚りながらつむぎ、新たな物語を作り出していく、ビジネスと社会的課題をつなぐために多様な主体をそこにつむいでいくというイメージ、つまりビジネスにおいて"関係性"が重要なキーワードになってきていると考えたからです。

　「つむぐ」という意味は、蚕が成虫になるためにじっくりと時間をかけて吐き出した糸を、人がまた丁寧に繊細につむいでシルクという布地を作ること。気持ちを込めて丁寧に織られた布は丈夫で美しく、数世代に渡って我々の眼を楽しませてくれる、あるいは愛をつむぐ、言葉をつむぐというイメージをお借りしています。

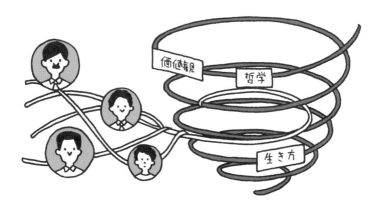

本書の構成

　本の全体像としては、第1章にあるように、企業こそ「社会的課題」解決の旗手だと言っていますが、現実は、それが反対であることを、社会背景から見ていきます。第2章では、新しいタイプの企業を10事例紹介しています。この10事例を選んだ理由は、筆者自身が事例から学んだことを説明するためです。こういう企業になったら面白いなとか、こういう企業はこうなんだなと学びを得た事例を、学びを得た順番に紹介しています。第3章では、事例から学んだ経営スタイルをまとめます。第4章は、こういう企業が単独で出てくるわけではなくて、それを支える地域が存在しないといけないという内容です。終章の「これからのあなたへ」では、これらを実現するための型を説明します。哲学、俯瞰、キュレーションが必要であることを説明します。

本書の書かれ方と読み方

　本書は、「社会的課題とビジネスをつむぐ」ことで、社会的課題を解決する／生まない経営のあり方とそれを支える生態系（エコシステム）を論

じています。これまで社会的課題を解決する手法については多くの書籍が発表されていますが、社会的課題を生まない経営のあり方という視点から書かれている書籍はほとんどありません。本書では社会的課題を生まない経営を考える上での社会的背景、企業、公的機関、NPOのおかれている状況、それらの経営スタイルに挑戦している企業事例の解説に重きをおいています。

また本書は、ソーシャル・イノベーション・クラスター構想の解説書あるいはフィロソフィーとしても位置付けているため、筆者がこれまで思考を巡らせてきた過程を辿ることを優先して書いています。ゆえに本書は学術書としてではなく、実践者、これから起業したい人々、学生、そしてこれらの経営スタイルを支援する行政などの人に向けて簡潔さと読みやすさを優先して書いています。

次に読み方についてですが、本書は著者が思考を巡らせながら紐解いてきた順番に書かれていることもあり、なるべくはじめから順番に読んでもらいたいと思います。しかしながら、筆者が思考を巡らせる第1章第1節は必要ないと思われる実務家や行政の方は第1章第2節から読んでいただければと思います。なるべく難解な言葉には解説を附していますが、難解な箇所にこだわる必要はなく、読み飛ばしていただき、全体像を把握するようにしていただき、その後再度理解できない部分を再読いただきたいと思います。加えて、本書に書かれていることを皆さんの思考フレームで読み解いていただき、ぜひ発展させていただきたいと思います。

1　http://diamond.jp/articles/-/70432?utm_source=daily&utm_medium=email&utm_campaign=doleditor

2　Drucker, P. (1985), *Innovation and Entrepreneurship*, Routlegde（上田淳生訳『イノベーションと企業家精神』ダイヤモンド社、1985）

3　Schumpeter J. A. (1934), *Theory of Economic Development*, Cambridge, MA:Harvard, University Press（塩野谷祐一・中山伊知郎・東畑精一訳『経済発展の理論：企業者利潤・資本・信用・利子および景気の回転に関する一研究』岩波書店、1977）

CONTENTS

003　はじめに

011　CHAPTER 01　一般の企業こそ「社会的課題」解決の旗手に

012　**01　社会的課題を紐解く基本的な考え方**
012　1．本書で伝えたいこと
013　2．本書を貫く視点：ソーシャルイノベーション7.0
022　3．基本的なキーワード
025　4．イノベーションの現在

034　**02　社会的課題を解決する/生まない経営の背景にあるもの**
034　1．社会の閉塞感
039　2．政府の失敗、市場の失敗、NPOの失敗

089　CHAPTER 02　事例

090　01　企業の動向
093　02　IKEUCHI ORGANIC
101　03　兵左衛門
108　04　サラダコスモ
114　05　Patagonia
121　06　ラッシュジャパン
128　07　しまの会社
133　08　アミタホールディングス
140　09　寺田本家
145　10　クロフーディング
150　11　中村ブレイス

Introduction to Sustainable Company

159	CHAPTER 03	サステイナブル・カンパニーとは何か

- 160 **01 共通する経営スタイル**
- 160 1. 経営哲学
- 161 2. 異質なものをつむぐ経営
- 163 3. マルチステイクホルダーへの配慮
- 165 4. 競争戦略を意図しない
- 166 5. プラットフォームの提供

- 176 **02 社会的課題を解決する/生まない経営**
- 177 1. グレート・カンパニー
- 179 2. 社会的課題を生まない経営のあり方
- 193 3. つむぐこと
- 200 4. 社会にとってよい会社：サステイナブル・カンパニー

205	CHAPTER 04	サステイナブル・カンパニーを支える地域づくり

- 206 **01 多様な主体が参加、成長する場**
- 206 1. 発幸場
- 207 2. ソーシャル・イノベーション・クラスターとは
- 210 3. 共通する未来像
- 211 4. クラスター資本

- 213 **02 京都市ソーシャル・イノベーション・クラスター構想**
- 213 1. コンセプト・組織
- 214 2. 構造
- 220 3. 成果

- 226 **03 行政の役割**
- 226 1. 行政に期待されること
- 230 2. 京都市の役割

231	3. 京都市ソーシャルイノベーション研究所	

235	**04 サステイナブル・カンパニーと地方創生**	
235	1. コミュニティ/ソーシャル・デザイン	
238	2. サステイナブル・カンパニーがどのように地方創生にかかわるのか	
240	3. 支えるシステム	

245	CHAPTER 05　これからのあなたへ	

246	**01 経営の基本となるもの**	
246	1. 哲学	
248	2. 俯瞰力	
249	3. キュレーション	

250	**02 基準・行動指針**	
250	1. 協働の接着剤としての利他性	
251	2. イノベーションの源泉としての多様性	
252	3. 個人や組織を開く	
252	4. 情報を分析せず、曖昧なままに保持する	
253	5. 合理と情理	
254	6. 思考を停止させない	
255	7. 障害の難易度の設定	

256	**03 起業・第二創業のポイント**	
256	1. 未来志向と経営哲学の構築	
259	2. 手法の構築	

263	おわりに	

Introduction to Sustainable Company

CHAPTER

01

一般の企業こそ「社会的課題」解決の旗手に

本章では、社会的課題を解決する/生まない経営を検討するために、その前提となっている、ⅰ）社会的課題を紐解く基本的な考え方、ⅱ）社会的課題を解決する/生まない経営の背景にあるものの2つの視点を説明していきます。

01
社会的課題を紐解く
基本的な考え方

　本節では、本書をつらぬいている基本的な考え方を、ⅰ）本書で伝えたい事、ⅱ）本書を貫く視点、ⅲ）基本的な用語と方法、ⅲ）このようなことを考えるようになった経緯、ⅳ）イノベーションの4つの視点から説明します。

1　本書で伝えたいこと

　本書で伝えたいことは、社会的課題の解決のみならず、社会的課題を生まないような社会をつくる努力が必要であり、そのためには社会の中心を構成する企業が、社会と密接にかかわる経営スタイルに、あるいは企業のあり方そのものを変化させることが必要です。しかも企業のみならず、公的機関や非営利組織（社会的課題の解決を目的とした組織：Not for Profit Organization: NPO）、地域を含むすべての組織や地域、そして個人が協働して取り組む必要があり、それらが協働する社会を創っていくことが必要です。
　この背景には、自分の幸福を選択できる社会環境をつくる必要性があります。我々人間は衣食住の充足があって初めて幸福のための選択が可能になり、そのために根源的な社会的課題の解決が必要だからです。たとえば貧困や地域の荒廃といった社会的課題を解決しない限り、生きることのみに精一杯で、教育などを受けられず、幸福を追求することはできません。

しかも、幸福は自分一人では達成できません。なぜなら人間は本来相互に依存することでしか生きることができない社会的動物だからです[4]。そして、それらは、以下で説明するソーシャル・イノベーション7.0（以下「SI 7.0」等と表す）という発展段階を経ることで達成されると想定しています。

2　本書を貫く視点：ソーシャル・イノベーション7.0

　本書では、著者の思考を辿り、一緒に思考を巡らせ、一緒に課題を紐解いていただきたいと思います。そのために筆者が数多くの経営者や研究者との対話から発想を得た本書の全体を貫く視点を、あらかじめ簡単に明示しておきます。そのことによって皆さんの立っている位置、これからどのように進めばよいのかを考えながら読み進めていただきたいと思います。本書は上から目線ではなく、一緒に学んでほしいという視点からこのような形態で書いています。

　本書では以下の表1-1のような9つのステップを想定した上で、バックキャスティング（未来の在るべき姿から現在を振り返って今何をすればいいかを考えるやり方：後ろを振り返り、視野を広げて見る）しながら、社会にとって良い会社の経営とそれを支えるエコシステム、それらを創造するクラスター（ブドウの房のような集合状態）の存在を説明していきます。ゆえに本書では主に表1-1のSI 2.0〜5.0を説明していきます。

　このSI 7.0は京都の1200年の歴史観からヒントを得ています。京都は「平安京」以来、国の中心地として、常に賑わってきました。1200年間日本中あるいは世界中の様々な人々が京都に様々な思想、文化、技術をもたらし繁栄してきた地域です。しかし、商都を大阪に奪われ、明治維新による遷都などの苦難の歴史もありました。現在まで、京都らしさを失わない最低限の基準を設け、そこに信頼をベースに新しいものを加えた伝統と革新の組み合わせを持続的に繰り返すことで繁栄を担保してきました。

進化	資本の状態	主体の状態	企業や市場の状態	個人の状態
0.0	自然資本	家父長制	家族・コミュニティ	従属関係
1.0	人間資本	特権階級	市場の形成と階級性の誕生	分業制の台頭
2.0	産業資本	企業家精神	資本家の確立と利潤最大化の浸透（企業のみならず政治や個人）NPOの台頭	分業制の確立と脱個性および社会性の再考
2.5	金融資本	企業家精神	2項対立（経済性と社会性）の確立とCSRおよびソーシャル・ビジネスの台頭	2項対立の狭間で身体的・精神的苦境が最大化
3.0	価値資本	企業家精神	マルチステイクホルダーに配慮する企業経営の台頭とエシカルマーケットの台頭	2項対立を解消した個人の台頭
4.0	文化的創造資本	企業家精神	マルチステイクホルダーの統合された価値を提供する企業の台頭（コンフリクトの最小化）	2項対立が普及し始めている状態。生きることと働くことが同調し始める
5.0	クラスター資本	企業家精神の偏在	4.0を支えるクラスターの形成と他のセクターへの浸透	主要な人々に個人の存在価値が芽生える
6.0	ステイクホルダー資本	ステイクホルダーの自立(すべてに企業家精神が宿った状態)	それぞれのステイクホルダーが自立し、貨幣に振り回されないステイクホルダーの統合された価値をベースとした市場の成立	大半の個人は、独自の存在意義を見出した状態
7.0	脱資本	統合価値をベースとした企業家精神	市場は我々が生活の向上をサポートするツールになっている状態で、2次的機能に降格した状態	積極的共依存状態

表1-1　ソーシャル・イノベーション7.0

　その過程では、地方出身の人々が京都で事業を起こし、伝統と革新を統合しています。古くは現代のソーシャルビジネスと類似する企業も登場します。それがグンゼ株式会社です。郡是製糸株式会社（現　グンゼ株式会社）は、日本が近代化に向けて疾走する中で、地方が置き去りにされることを危惧した波多野鶴吉氏が、地域発展の元は地場産業振興にあると考え、地元丹波の主要産業であった養蚕を活性化させるべく製糸業の会社を設立しました。これを何鹿郡の進むべき道（基本方針）、すなわち郡是と確信し、そのまま会社の名称としました（ちなみに、国の進むべき道を定めたものが国是、企業の進むべき道を定めたものが社是です）。地域社会への貢献

を会社(事業活動)の大義としました。そして、広く賛同者を得るべく1株20円で地元の養蚕家から出資者を募りました。これは、創業資金を調達するだけでなく、むしろ、事業による利益を配当金として養蚕家にも分配することにより、地域の皆を豊かにすることを目指したのです。他にも、西陣織物の改良と新製品開発、海外への販路拡張の先駆者となった川島織物の二代目川島甚兵衛、近代化の過程で清水焼(京焼)から理化学陶磁器や、新産業向けの新しい製品が生み出されます。たとえば電気の絶縁器具である碍子(がいし)や陶歯に着目した松風陶器(しょうふうとうき)(現在の松風工業、松風陶歯に発展)村田製作所や京セラも、清水焼(京焼)の近代化が土壌となって育ったと言っても過言ではありません[5]。それらの多くが現在でも京都に本社を置き事業を展開しています。

　このように京都は、変化を受け入れながらも、単に新しい物事に迎合するのではなく、変化と伝統を統合した生き方やビジネスのあり方を実行してきました。そこにはそれらを哲学とするエコシステムの存在がありました。加えて小京都と言われるように、そのエコシステムを全国に広げる役割をもっていました。そのような視点をベースに、SI 7.0を発想したのです。

　一方でSI 2.0～5.0を説明するためには、SI 7.0の未来像を説明するとともに、未来像からバックキャスティングする手法を解説する必要があります。このSI 7.0のプロセスは以下で簡単に概観しますが、この概念は第2章で示す企業家との対話の中から生まれたもので、詳細は本章第1節第3項および第2章で詳しく見ていきます。しかしあるべき姿をどのように捉えているかを解説しておかないと本書のスタートが切れません。そこで以下では想定されるあるべき未来像からバックキャスティングしながら、SI 7.0～4.0を簡単に解説しておきます。

　現代では貨幣資本主義(お金の循環がすべてを決するを前提にした経済システム)に対する批判の議論が多数登場しています[6]。それに呼応するように、里山資本主義(お金に依存しない経済システムをサブシステム

として構築しようとするもの）[7]、公益資本主義（社会にとって有用な企業を全世界に生み出す流れを起こしていく経済システム）[8]、コンシャス・キャピタリズム（全員の利益に奉仕するために存在する意識の高い資本主義）[9] などのオルタナティブな資本主義が台頭してきています。それは、表1-1 で示した SI 2.0 に対する批判が多数寄せられているということとともに、それらは多くの企業や社会が SI 2.0 の段階に留まっていることを示す議論でもあります。

しかしながら、第3章でも示すように、1990年代から企業の社会的責任やソーシャル・エンタープライズの必要性が議論されるようになったり、一部の企業の中にはマルチステイクホルダーに配慮するコンシャス・ビジネス（Conscious Business）が台頭してきています。現状としては SI 2.0 にあり、一部に SI 2.5 および SI 3.0 の経営を実行する社会となっています。

ゆえに本項では、SI 4.0 から先の進化を SI 7.0 からバックキャスティングしながら説明していきます。しかも、先の議論から SI 7.0 は貨幣資本主義とは異なったシステムを想定します。これらは、個人の志向/習慣を含めた変化とそれを引き起こすビジネスモデルの両者を含む概念として本書ではソーシャル・イノベーション（社会的課題の解決あるいは社会的課題

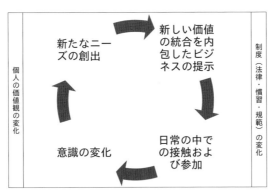

図1-1　ビジネスと制度変革の関係

の創出を抑制するための新しい商品やサービスあるいはそれらを生み出す仕組み）を使います。図1-1は、ソーシャル・イノベーションのビジネスと制度変革の関係をを示したものです。それは、ビジネスが新たな価値を提示し、個人の価値の変化を促し、制度の変革を促すという構造をもっています。

　最後になぜこの未来からのバックキャスティングが必要なのかを3つの制約（過去への囚われ、可視化できる現象への囚われ、2項対立の回避）から説明しておきます。第1には過去の呪縛から逃れるためです。我々は基本的に過去の体験をベースとして思考/習慣を身に着け、意識せずに過去に囚われています。企業でいえば、「ゆでガエルの寓話」[10]でも指摘されているように、過去の状態に甘んじ、環境変化を認知できない状況で、突然企業が崩壊します。とくに成功体験は個人にも企業にも習慣になりやすい出来事です。このように過去に囚われることによって環境変化に対応できず、ましてや思考のジャンプ、すなわちイノベーションは生まれません。これは企業経営における効率性も同じで、何でもかんでも効率性に囚われているとイノベーションを生むことができなくなります。この視点は成功哲学で使われる「終わりを思い描くことから始める」ことと同じ事です。

　第2には目に見えない現象を捉えることです。我々は五感を使い生活をしています。しかしながら、主に目の前の現象に注意がいき、他の感覚を疎かにしています。ビジネスの世界では可視化できる、たとえば商品や売り上げといったものしか信用しなくなります。しかし、ビジネスは必ずしも目に見える現象のみで成り立っているわけではありません。

　第3には本書のテーマである2項対立を回避するためです。元々は1つの概念であったものを二分することにより、それを矛盾や対立する関係へと持っていくことです。たとえば経済と社会、陸と海、子供と大人、白と黒、運動と静止、明と暗のように、相対立する一対の概念を2項対立といいます。

　この3つを回避するためには、自分の理解できない、想像できない、あ

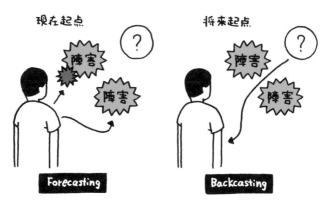

図 1-2　フォアキャスティングとバックキャスティング

るいは曖昧な世界からバックキャスティングする必要があり、この視点がSI 4.0 以降の世界やイノベーションの創発にとって大きな意味をもっています。

1. 未来の在るべき姿（SI 7.0）

本書では、先に述べたように「自分の幸福を選択できる社会環境（自分の身に起こることに対して自分がどういう態度を示し行動するかは、自らで決めることができる：コヴィーの『7 つの習慣』[11]より）」を未来像として位置づけ、そのためには貨幣に依存せず、社会的動物の本質である相互依存関係をベースに、ⅰ）ツールとしての資本主義、ⅱ）積極的共依存状態という 2 つの特徴をもつシステムを想定しています。具体的には、人と人、人とコミュニティの依存関係を再生し、貨幣に依存しない生活のありようが必要と考えています。その背景には、現代社会が貨幣に依存し、あたかも個人で生きられるかのような錯覚を与えてしまった結果、多くの孤立による自殺をつくりだしているという事実と、富める者と富めないものをつくりだし、貧困を拡大してきたという現代社会の負の要素を解消したいという発想があり、そのためには貨幣にのみ依存した社会を変革するこ

とが必要だからです。

2. すべての利害関係者が自立した社会（SI 6.0）

　では SI 7.0 に向かうためには何が必要なのでしょうか。現代社会は資本主義に翻弄され、人々は経済に大きく依存しています。たとえば、我々の生活の大半は株価、経済動向、商品の価格、そして賃金に影響を受け、それに反応しています。加えて、資本主義の浸透は、すべてのモノが貨幣で手に入るような錯覚を与え、我々があたかも一人で生きることができるかのような勘違いをし、社会的動物であるということを忘れさせてきました。しかしながら、退職や非正規雇用などによって資本主義の恩恵から逸脱すると、孤独感が目の前に広がり、どうしたらよいのかと路頭に迷う人々が増加していきます。

　そこで、それぞれの人や組織が自立すること（私的成功とは依存状態から自立することである：『コビィーの 7 つの習慣』より）が必要で、個人のみならず企業、市民、NPO などの主体が、自立的かつ積極的な依存関係（Win-Win の関係）を構築した社会が必要になっています。つまり、先に述べたように、SI 7.0 が資本主義をツールとして活用し、社会変革をもたらすとするならば、SI 6.0 は資本主義から自立するというイノベーションのことで、資本主義とは異なったエコシステム（たとえばコンシャス・キャピタリズム）が成立している段階です。

　もう少し具体的に説明すると、異なったエコシステムのベースには社会の構成員の多くが社会性、経済性に加え、図 1-3 のように哲学（個人あるいは組織）を加えた 3 点を統合できている状態をいいます。ここでのポイントは経済性と社会性という 2 項対立をベースとしたバランス論で捉えるのではなく、哲学でこれら 2 つを統合するというところにあります。すなわち 2 項対立に哲学を加えた 3 項によって統合された状態のことです。その理由は皆さんもそうだと思うのですが、2 脚で立っていると不安定で常

図 1-3　2 項対立から 3 項の統合へ

に動いていなければならないのですが、3 脚にするとそれだけで安定して立っていることができるという意味でもあります。これが社会にも必要です。

　ゆえに自立するためには何が必要なのかというと、それは自分の存在意義あるいは生き方を明示していることです。簡単に言うと、自分らしい生き方を信念をもって貫けるかということです。それは、一番になることではなく、自分の価値観や哲学に基づいて生きることです。加えて、自分だけではなく、周りの人や自然などに配慮した生き方のことです。自分の立ち位置がわからないと、どうやって SI 7.0 に行けばよいのかわからないからです。そのために、後段で示すように、米国の西海岸で瞑想がはやっていると解することができます。

3.　クラスターの構成組織が自立した社会（SI 5.0）

　SI 5.0 とはクラスターを構成する行政、企業、NPO、資金提供機関、主たる市民が、SI 7.0 に向かって動きだしている社会状態のことです。具体的にはクラスターの構成組織が、社会的課題を生まない経営（SI 4.0）の特徴である理念指向のプラットフォーム型経営を実践し、しかもクラスターを構成する組織が未来を共感、共有している状態のことです。それは単に 1 つの企業が新たなビジネスモデルを引っさげ、社会的課題を生まないように、あるいは解決しようとしても解決することができないからです。

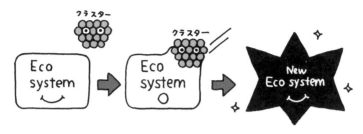

図 1-4　SI 4.0 と SI 5.0 の関係図

　社会的課題を根本から解決するためには、多くの企業やステイクホルダーの参加したエコシステムが必要不可欠です。SI 6.0 との関係でいえば、多くの組織や個人が SI 4.0 を採用するエコシステムを構築するために、図 1-4 のように、我々は、このようなクラスターを構築し、古いエコスステムに押し付けて、古いエコシステムの一部になり、最終的にこのクラスターをベースに新たなエコシステムを構築するというプロセスを想定し、アクションリサーチを実行しています。

　このクラスターの構築にあたって、主たる市民がそれらの組織を支援する初期少数採用者（新しいアイデアや技術を最初に採用するグループ）[12] として参加していることが重要になります。つまり、SI 4.0 のような企業を積極的に支援する市民の存在なくして、SI 4.0 のような企業は存在できず、ゆえにこのクラスターには最も欠かせない存在です。このように SI 7.0 の未来をクラスター内で共有している状態を本書ではクラスター資本が存在しているといいます。クラスター資本については第 3 章第 2 節で詳細に説明しますが、クラスターを構成するためには、4 つの要素（信頼（社会的関係資本）＋生き方（共感価値）＋共感力＋未来像（共通の未来））が必要になるということです。

　しかしながら、それらは市場社会や企業の動向に左右されがちで、貨幣資本主義や個人主義が浸透している時代において、このようなクラスターを構成するのは容易ではありません。その事から、後段で示す SI 4.0 と SI

5.0 を同時に、あるいは SI 5.0 を先に作らなければならないというさらなる困難が伴います。京都ソーシャル・イノベーション・クラスター構想も同様に企業とステイクホルダーを同時に変化させる困難に挑戦しています。ゆえにこの SI 4.0 は、SI 5.0 と SI 6.0 は密接に関係しています。

4. 2項対立から脱出した企業が多く誕生している社会（SI 4.0）

本書では、後段で詳しく説明するように、社会的課題の多くがこの2項対立と効率性のみを重視する経営スタイルという2つから発生していると考えています。そこで、SI 7.0 を実現するためには、この問題を解消する必要があり、社会的課題を生まない経営スタイルの普及が必要です。

よい企業経営とは、マルチステイクホルダーのコンフリクトを最小化するために、社会的課題を抑制すること、警鐘を鳴らすこと、そして社会的課題を解決することの3つの要素をもち、それらを統合した価値（企業哲学）に基づいて最高の製品・サービスを提供することです。本書ではこのような経営スタイルをもつ企業を「サステイナブル・カンパニー」と呼びます。

このようなプロセスを想定しながら、以下ではサステイナブル・カンパニーとは何かを中心に読み解いていきます。

3　基本的なキーワード

本項では、社会的課題と密接にかかわる基本的な3つのキーワード（マルチステイクホルダーのコンフリクトの最小化、自己組織化、協働の場の形成）を説明しておきます。

1. マルチステイクホルダーのコンフリクトの最小化

　社会的課題とビジネスの関係において、どちらにもかかわる存在が利害関係者（以下、「ステイクホルダー」）です。最初に利害関係者にかかわる課題を確認していきましょう。社会的課題を解決する／生まないためには、マルチステイクホルダー（図1-5）との関係が重要になります。マルチステイクホルダーとは、「多様な利害関係者」のことで、ステイクホルダーは株主だけではなくて従業員、取引先、地域、政府／行政、NPO、あるいは自然環境や次世代までを含みます。その理由は、特定のステイクホルダーのみに配慮した経営スタイルが多くの社会的課題を生んでいると考えているからです。たとえば、企業は株主、一部の主たるサプライヤーやエリート従業員に配慮した経営スタイルをとっています。その結果、自然環境や一部の力がないステイクホルダーが困難な状況に追い込まれ、社会的課題の発生現場になっています。たとえば、自然環境破壊、女性、パート・契約社員、地方、途上国などです。それらのステイクホルダーに配慮した経営、つまりマルチステイクホルダーのコンフリクト（衝突、対立、軋轢など）をいかに最小化するかが重要であり、本書の中心のテーマです。

図1-5　マルチステイクホルダー

2. 自己組織化

　もう1つは、「自己組織化」です。上からの命令ではなくて、下位レベルで構成している要素間の相互関係のみに基づいて、システム全体が変わっていくさまを、自己組織化と言います。企業とか、NPOとか、公的機関とか、地域とかで、上からの指示ではなくて、フロアの人たちが自分たちの発想で何かを作り出していくことが重要になってきています。企業で事例を説明すると、マネージャー、コーディネーター、先輩がいなくても自分たちで問題解決あるいは意思決定できることです。

　次に自己組織化を促す多様性について説明します。多様性は、差異を認知するための源泉になります。簡単には自分とは違う考え方の人が多ければ、違いを認知する機会が増えるということです。そのことが、社会的課題を認知することのみならず、地域の資源を認知することにもつながっていきます。差異の認知は、個人が「差」をいかに認識し、そこから自分を解釈、変化させていくプロセスをつくりだすことができるか、という自己組織化の出発点にもなっていきます。本書では、イノベーションを、新しい商品やサービス、それらを提供する仕組みという狭義に捉えるのではなく、社会革新、企業変革や自己変革という視点を含む広義の意味で捉えています。この多様性に基づく差異の認知が、自己組織化を伴って社会的課題を解決することとかかわっていきます。

　この2つの関係性はというと、自己組織化がイノベーションという視点から社会的課題の解決に必要な要素となります。その理由は、それぞれの主体が自立的に社会的課題の解決に参加して初めて問題解決につながるからです。その理由は、第1章第2節で示すように、現在の社会的課題の解決は公的機関に依存しており、本来主体となるべきNPOなども行政に依存する傾向があります。その点を克服し、NPOや市民などの各主体が自立することで、主体と手法の多様性が生まれ、課題解決に近づけるからです。そして、コラボレーション（協働）においても、自立した主体同士をつむ

ぐことで、初めて相乗効果が生まれ始めます。

3. 協働の場の形成

　これらの2つの要素を踏まえるだけで社会的課題の解決が可能か、つまり単に個人、あるいは1つの企業が頑張れば可能かというと、それは不可能と言わざるをえません。それは、公的機関、NPO、企業においても、それらを支える人たちの存在や他の組織とのコラボレーションなくしてありえないからです。つまり多様な人々が参加する社会的課題を解決する／生まないということを志向する場の形成なくしてはありえません。これがSI 5.0です。

　そこで、それらの問題にアプローチするために、第4章で説明するソーシャル・イノベーション・クラスター構想がつくられています。それは、個人や企業が共通の目的を持ち、その目的に向かって独自に行動する（企業であれば地域の共通の目的に向かってビジネスをすること、個人であれば共通の目的に向かって消費などをすること）自己組織化（自己革新）を促す場をつくっていくことがポイントとなっていきます。

　ここで重要なポイントは、場をつくりにいく、つまり場の形成が目的化するとうまくいかないことです。あくまでもこの自立を前提に、共通の未来を持つ、緩い、曖昧な場の形成が重要になります。このあたりは第4章で詳しく説明します。

4　イノベーションの現在

　一方で、社会、資本主義や市場、あるいは企業にとって欠かせない要素がイノベーションです。ここからは、社会や企業の持続的な発展の基本を成すイノベーションについて説明しておきましょう。まず、イノベーショ

ンの意味を確認した後、イノベーションがどのように創出されるのか、という側面から現在の考え方を確認していきましょう。

1. イノベーションとは何か

　イノベーションの議論の範囲は広がっており、その定義は定まったものではありませんが、ビジネスにおけるイノベーションは、「経済的効果をもたらす革新」[13]と言うこともできます。ここには、革新と経済的効果の2つのポイントがあります。前者はこれまでになかった新しい商品やサービスがもたらす変化であり、後者は市場において受け入れられた結果としての経済的成果を指します。一方で、どのような過程を経て、経済的効果をもたらすかは明示されていません。ゆえに社会的成果、あるいは社会との関係を含めた経済的成果を排除していません。その結果、経済的成果をもたらせば、社会の革新や個人の革新さえも含まれると考えることができます[14]。

　よく引用されるイノベーションの定義は、経済活動の中で生産手段や資源、そして労働力などを今までとは異なる仕方で新結合することと捉えています。それはイノベーションを技術革新としてのみならず、①新商品の開発、②新生産方法の開発、③新市場の開拓、④新仕入先の獲得、⑤新組織の構築・再構成、というように、多様な側面で捉えています[15]。

　またイノベーションは、企業などが社会との相互関係の中で社会的課題の解決に取り組むという社会的営みであり、経済的成果のみならず、社会的成果も考えることができます。さらにその創出のプロセスは、多様な人々の知識が結びつき新しい知識を生み出していくという意味でも社会的営みです。そもそも企業は社会からの影響を受け、あるいは影響を与える中で経済活動を営んでおり、企業の経済活動自体が社会的営みであるといえます。つまり「企業の経済活動は一定の意味・価値体系、ルールや制度から成り立つ社会経済システムの中でおこなわれている」[16]。本書で意味

や価値という言葉を多用しているのは、このように企業活動を定義しているからです。

本書においては、イノベーションといった時に、経済的成果のみならず、社会的成果も含めた概念として利用します。基本的に両方の成果を視野に、社会的成果を強調したいときは、ソーシャル・イノベーションという用語を使います。

2. オープン・イノベーションの時代

現在のイノベーションシステムはオープン・イノベーションで、簡単には企業内部と外部のアイデアを組み合わせることで、革新的で新しい価値を創り出すことです。オープン・イノベーションのコアのプロセスは、インサイドアウト型、アウトサイドイン型、連結型という3つのタイプに分

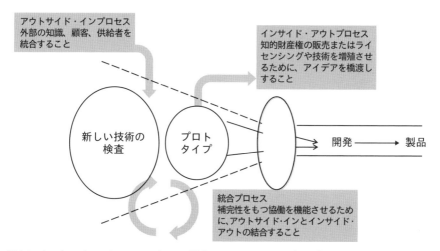

図1-6 オープン・イノベーションのコアプロセス（出典：Chesbrough, H. W. (2003), *Open Innovation: The New Imperative for Creating and Profiting from Technology*, Harvard Business School Press（大前恵一朗訳『OPEN INNOVATION—ハーバード流イノベーション戦略のすべて』産能大出版部、2004））

けられます。インサイドアウト型とは、知的財産の販売、アイデアの外部環境への移転、技術の増殖などを通じて、アイデアを市場に投入して利益を獲得すること。アウトサイドイン型とは、供給者、顧客、大学などから知識を調達することを通じて、自社の知識基盤を拡張していくこと。連結型とは、それらの併用で、提携・協力・ジョイントベンチャー等により、補完的パートナーとの間で価値共創をおこなうことです[17]。基本的にこれらのコアプロセスは、図1-6にみるように、相互に関連しています。本書では、オープン・イノベーションを前提に進めていきます。

3. 曖昧さと対話の重要性

　オープン・イノベーションは、外部との相互関係の中からイノベーションが創出されると考えます。そこには人と人、あるいは人と外部環境との対話が基本となります。ということは、必ずしも組織内のようにすぐに理解しあえる存在ではない可能性の方が高く、当初は曖昧なままに、対話を重ねながら解釈するプロセスが必要になります。大前研一氏は「21世紀の経営で重要視されるのは「人・物・金」から「人・人・人」に変化する」とも言っています[18]。
　しかしながら、解釈にも課題が残されています。それは組織内の効率性を重視すると、画一的な、あるいはスタッフが同じような解釈しかできない場合が多くなり、他の考え方や解釈を排除する、あるいは軽視する傾向があります。このような状態ではイノベーションを創発することができません。本書の文脈では、考え方の構造が単一化し、解釈がシステム化してしまっているということで、イノベーションを生めない状態にあります。
　その理由は、本来多様であったスタッフの考え方の構造を、人事評価や効率性などのシステムが画一的な関心に向かわせた結果、ユニークな意味や価値を評価されないものとしてそれらを生み出せない組織になってし

まったからです。さらに、多くの人にとって、働き方と生きることが分離しており、イノベーションと自分の生活が分離し、社会を良くしたり、自分を幸せにするという視点でイノベーションをみることができなくなっています。それは単に会社や賃金といった経済的成果のための道具としてイノベーションを捉え、社会的側面を考慮しない、あるいは自分の人生とは直接かかわらない他人事としてしかみることができなくなっているからです。

その結果、曖昧なものを単一の解釈で切り取ろうとすれば、その曖昧なものの1つの側面しか捉えることができず、イノベーションの可能性を縮減し、それらが創発する機会を失う可能性をもっています。そのような状態は行政や企業の中でよくみられる現象です。

イノベーションのためには組織内に解釈、あるいは考え方、経験の多様性が必要です。それを「最少有効多様性の法則」と言います。これは、環境が複雑になると、その複雑さを捉えるために、組織内の最低限の複雑性を保持していなければならないということです[19]。この考え方は常に変化する社会環境に対していかに組織を安定させるかといった議論のなかでも用いられ、組織論やイノベーション論に頻繁にでてくる考え方です。つまり、組織内の多様性は、女性の登用といった倫理的、あるいは社会規範の議論のみならず、組織を維持発展させることを目的としたものです。

一方で、最小有効多様性の法則は、複雑性を縮減する方法でもあります。外部の複雑性を捉えることができるということは、その分複雑ではなくなっているということです。それがイノベーションにとって負の効果を与えます。では多様性が縮減しないためにはどうすればよいのか、という問いが思い浮かびます。そのためには、全体を見渡せる俯瞰力や多様な知識のゲシュタルトが重要となります。認知科学者の苫米地氏は「知識のゲシュタルト（たとえば、哲学、経営学、心理学といった認識を形成する体系的でまとまった知識）を増やせば、抽象度の高いところでものを考え、判断できる」と述べています。つまり、多様な俯瞰ができると、複雑なものを複雑なままに捉えることができるということです。加えて俯瞰力を養

うためには、複雑な社会環境を捉えるだけではなく、そこから新たな意味の創出や新たな自己の再生産も必要になります。そのためには未来志向が必要です。それは、ほしい未来をつくるために、多様な知識のゲシュタルトをつむぎ、あらたな意味を創出する必要があるからです。そこで必要となることは対話を通じた創造的な摩擦ということになります。

4. 創造的摩擦[20]

　創造性に富んだ摩擦や軋轢が、企業に新たな資源・製品・知識・人間関係の組み合わせをもたらし、イノベーションを可能にすると指摘されています。この背景には先と同様に、多様性があればイノベーションが生まれるのか、あるいはつながっていないネットワークをつなげればイノベーションが生まれるのか、という議論への疑問があります。簡単には、ネットワークの意味について考えることが必要で、そのネットワークに複数の評価基準が作用する状態を維持し、そこから生まれる不協和を徹底的に活用することが重要です。

　その際ブローカーのような仲介者として、単にネットワークをつなぐだけではなく、複数の評価基準や知識のゲシュタルトをつなぎ、創造的な摩擦を引き起こし、イノベーションを生み出す企業家、あるいはコーディネーターの役割が重要であると指摘しています。この評価基準とは、企業でいえば利益、経営理念、社会との関係などを指し、個人であれば収入、やりがい、家族優先といった様々な価値のことを指します。イノベーションはこれらの評価基準、価値や知識のゲシュタルトがぶつかり合ったところで創発されるといいます。「企業家機能は、異なったコミュニティが、それぞれの特有のネットワークのアイデンティティを崩壊させることなく交差する重複部分において、それぞれの個性的なネットワーク上のメンバーが重なり合った部分で生じる」と指摘します。

　この指摘は、単にネットワークを構成したからイノベーションが創発さ

れるわけではなく、そこには常に多様性を担保することが重要だということです。すなわち、企業や行政とNPOとの協働といった言葉が散見されるにもかかわらず、総じてうまくいかない理由はここにあります。しかしながら、多様性を維持することは難しいことでもあります。多様性を維持することを資源動員という視点からみておきましょう。

5. 資源動員[21]

　イノベーションを起こすためには多様な資源が必要です。とくに現代社会は先に述べたように「人」の時代で、多様な知識をもった人々を集めなければ創造的摩擦も起こすことができません。そこには資源を動員するために事業あるいは組織の正統性が重要になってきます。正統性とは「ある主体の行為が、社会的に構成された規範、価値、信念、定義の体系の中で、望ましい、正しい、ふさわしいと一般に認知するあるいは思うこと」です。そこで資源を獲得するために、ⅰ）企業は相手の要求に合わせるか、ⅱ）相手を選ぶ・見つけ出す、ⅲ）相手を説き伏せる3つの戦略があります。しかし、持続可能性が求められる社会にあって、単に利益を上げるといった側面のみでは十分ではなく、資源を持つ人の志向も多様化しており、それに対応することが必要になっています。

　組織は、この3つの戦略を駆使しながら資源動員をはかっていくわけですが、加えてイノベーションの理由の固有性（イノベーションに付与された理由が社会的に同意を得られる度合い）が重要な視点となります。固有性が高いとごく一部の人にしか支持されない、低ければ多くの人に支持されやすい状況がうまれます。その意味で固有性を下げることで、多くの資源量を確保できるようになります。理由の固有性そのものに働きかけ支持者を多く獲得する方策としては、多様な理由の共存状態をつくる、つまり関連する理由を付与することで多くの支持者にかかわりやすくすることが有効であると指摘されています[22]。つまり多様な指向をもつ資源を引き付

図 1-7　ビジネスモデルの多面性

けるためには、図 1-7 に示す多様な指向の側面をもつこと（多面体のビジネスモデル）でその固有性を引き下げ、集まりやすくする必要があるということです。

6. 未開拓の視点

しかしながら、社会的課題との関係で解明しなければならないポイントも存在しています。以下ではⅰ）オープン・イノベーションを可能にする開かれた組織、ⅱ）多様な主体を集める手段から説明します。

6.1. オープン・イノベーションを可能にする開かれた組織

オープン・イノベーション化は、知識の「探求」を効率的に生み出す仕組みへの変化として捉えることができます[23]。外部の知識を探求し、その知識を効率的にビジネスモデル化する仕組みと捉えられます。しかしながら、そこに大きな問題があります。それはオープン・イノベーションが外部との相互関係を重視するとなると、オープンな組織構造をもつ必要があります。しかし、効率性を重視する経営は、クローズな組織構造でマイン

ドセットも同質的で構造化されやすく、技術等の解釈も同質化されやすくなります。このような状況では、多様な知識を探求することができません。これらは、多様な知識を取り入れるための装置としての開かれた組織を検討していません。この点について、たとえば株式会社イトーキなどの企業などでは、オープンなスペースを設置し[24]、外部の知識などの資源が入りやすい構造に変化してきています。また後段で詳しく説明するように、京都ソーシャルイノベーション研究所のように、企業と外部の間に中間機能を持たせ、イノベーションを創発する試みをおこなっています。

6.2. 多様な主体を集める手段

　上記の組織構造ともかかわる課題ですが、多様な人的資源を集める方法が必ずしも明確になっていません。先に正統性の議論の中で多様な理由の共存状態をつくることが重要だという議論をご紹介しましたが、この前提には企業は利益を最大化するという単一目的の企業像があります。しかし、そうなると企業は必ずしも十分な多様性をもっているとは限りません。それは単一の企業像では、利潤に関心のある人しか参集せず、多様なステイクホルダーとの関係性が構築できないからです。そこで企業の正統性を多様化しなければ、あるいは企業価値が多様でなければ、多様な主体を集められないことになります。この企業価値の多様性という考え方を検討する必要があります。このあたりはサステイナブル・カンパニーという概念で説明します。

　ここでは、本書を読み解いていただくための基本的な考え方を提示しました。とくにキーワードとして頭の片隅においてほしいものは、"あいまいさ"と"多様性"です。前者は、ビジネスの領域ではネガティブな印象を与えますが、今後のビジネスにおいて重要だと考えています。

　次に、これまで説明したことを頭におきながら、社会的背景を説明していきましょう。

02
社会的課題を解決する／
生まない経営の背景にあるもの

　第2節では、ここまで説明したような基本的な考え方について考えるようになった社会的背景を、ⅰ）社会の閉塞感、ⅱ）政府の失敗、ⅲ）市場の失敗、ⅳ）NPOの失敗、「CSR（Corporate Social Responsibility: 企業の社会的責任）やCSV（Creating Shared Value: 共有価値の創造）の限界」、「ソーシャル・ビジネスの限界」から説明していきます。

　ここからは、それぞれの個々のセクターおよび形態には限界があること、加えてこれまでほとんど触れられてこなかったCSR、CSVおよびソーシャル・ビジネスの限界について説明します。その根幹にあるものは、企業が株主、一部の従業員やサプライヤー、行政が議会や一部の市民、NPOが特定の社会的課題（自然環境、社会的弱者など）といった特定のステイクホルダーに傾倒した経営スタイルを堅持する中で社会問題を扱おうとしているという現状です。

1　社会の閉塞感

　最初に、社会の閉塞感（図1-8）として、ⅰ）3つのセクターの相互補完の失敗、ⅱ）経済性と社会性の関係の2つの視点から筆者が捉えているビジネスと社会の関係の全体像を総括します。

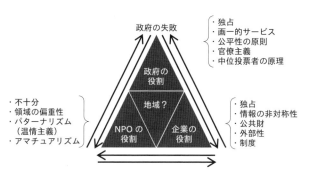

図1-8　社会の閉塞感：3つのセクターの限界

1. 3つのセクターの相互補完の失敗と過度の効率性/合理性の追求

　まず背景として重要な視点は、市場や企業が過度の効率性・合理性に傾倒しそれを補完できなくなっている点です。その原因は、図1-8で示したような3つのセクターの限界と相互補完の失敗の顕在化です。本来我々の社会は、市場の動きを制御したり、市場では供給できない財やサービスを政府が供給したり、さらに市場と政府が供給できない小さな市場やニーズに対して、企業や政府/地方自治体に代わって財やサービスを提供するためにNPOが存在しています。

　しかしながら、後段で詳しくみるように、政府、市場とNPOのそれぞれが問題を抱え、相互補完が機能しづらくなっています。その結果、我々の生活に密接している市場の過度の合理性や効率性が突出するようになり、そこから様々な社会課題が多発してきました。たとえば、正規スタッフを雇わないで契約社員やパートにしておいていつでも解雇できるようにしたり、工場排水を処理せずに川へ流し、公害問題になっていくようなこともあります。単に効率性・合理性のみを追求した社会は、基本的に社会的課題の解決には向かいません。効率性は無視してはいけませんが、なんらかのコントロールのもとに効率性を追求することが必要になってきています。

では、なぜ社会的課題とビジネスの関係が問われるようになってきたのでしょうか。先ほど説明したように、契約社員や女性の格差問題、環境問題などの社会的課題の多くは、市場やビジネスの関係に起因し、とくに企業のグローバル化に伴って顕在化してきました。加えて政府／地方自治体は、市場を直接変えるようなアプローチが難しいシステムであることに起因しています。たとえば、政府／地方自治体は、労働が提供できなくなり、市場からこぼれ落ちてきた人々を生活保護制度で支援したり、要介護者や障害者の生活の質をこれ以上落とさないようにすることはできても（セイフティネット）、それを市場の中に戻すためのシステムを十分に備えていません。また、社会課題を創出するような消費者行動（たとえば効率的にコストを削減するために大量の農薬を使用し、生産者や土壌に大きなダメージを与えていることを知らされていないために、安いものを購入することなど）を啓発できても、直接的にコントロールすることはできません。それが政府／地方自治体の限界の１つです。それゆえに社会的課題は政府／地方自治体だけでは解決できないことになります。つまりなるべく社会的課題が生まれないように、企業や市場のあり方を変えなければ解決できない。これがビジネスを中心とした社会的課題の解決に加え、社会的課題を生まない経営について考えるという本書の原点となっています。
　もう１つは、政府／地方自治体などの公的機関のあり方も変化しなければなりません。公的機関は、法律、規則、要綱といった制度をベースとして、文書で業務領域を決められた、いわゆる官僚制を堅持しています。しかし、前もって業務領域が決められた組織では、多様に変化する市民のニーズやイレギュラーな事態に対応しづらく、社会的課題解決のみならず、それらに対応できずに別の社会的課題を生む可能性をもっています。たとえば契約制度がその１つの例です。現在の企業には、低い価格で提供する企業よりも社会的責任を果たしている企業から部品などを調達することが浸透しつつあります（CSR調達）。しかし公的機関は、一部でグリーン購入（製品やサービスを購入する際に、環境を考慮して、必要性をよく考え、環

境への負荷ができるだけ少ないものを選んで購入すること）やプロポーザル方式（主に業務の委託先や建築物の設計者を選定する際に、複数の者に目的物に対する企画を提案してもらい、その中から優れた提案をおこなった者を選定すること）を導入しているところがありますが、多くの部分は価格の安いものを優先的に購入する契約制度となっています。価格が安いということは、いずれかのステイクホルダー（自然環境、途上国の人々など）に負担がかかり、社会的課題になっている可能性をもっています。言い方を変えると、その契約がこれまで示したような社会的課題を作っている可能性を持っていると認識していません。公的機関もあり方そのものを変えていくことが必要です。

　さらに、資本主義が進展する中で、核家族化が進みながら、近隣とのつながりをなくしていきました[25]。それはその関係が貨幣によって代替され、極端な場合なんでもお金を払えば、商品やサービスを調達できる効率的な社会になってきたからです。しかし、そのようなライフスタイルでは、従来家族や近隣社会で担ってきたサービス、たとえば介護や子育てなどの多くの社会サービスを地方自治体に依存するようになってきました。その結果、国／地方自治体は様々なサービスを提供しなければならなくなり、サービスの量や質が十分なものでなくなったり、財政破綻に近い状態を作り出しています。

　また、我々は相互に依存する社会的動物ですが、貨幣では買えない人間関係の喪失が、不安や孤立感、あるいはうつ病といったものをつくりだしています[26]。少子化もこの関係性の欠如が1つの原因です。たとえば、豊かな相互依存の人間関係が残る小値賀島（長崎県小値賀町）では、出生数が20年前の水準に戻っています[27]。このように本来相互依存する社会的動物であるがゆえに、相互依存できる環境を整えると安心が生まれ、自然と出生率が上がっていきます。

　このように3つのセクターの相互補完の失敗と過度の効率性／合理性の追求が様々な社会課題とかかわっています。

2. 経済性と社会性の関係

　1990年代に入るとグローバリゼーションと企業の経済規模の拡大によって、企業の社会的責任が議論されるようになってきました。この企業の社会的責任の議論は、経済性と社会性のバランスをどのようにするかという議論になっていきます。しかし経済性と社会性の両立をバランス論で捉えようとするとうまくいきません。なぜなら経済性と社会性のバランスをどのようにとったらよいのか、という最適解が存在しないからです。それは社会の変化に左右され、常に不安定な経営を強いられるからです。そこで経済性と社会性という2項対立ではない、違うパラダイム（ものの見方・考え方を支配する認識の枠組みや規範）を作ることが求められています。それは歴史感であったり、文化感というような主観的な視点から、2項対立ではない発想で企業を経営していくということです。

　この間には、企業と社会の関係を考慮した企業像が様々な研究者から提唱されてきました。1982年にはトム・ピーターズとロバート・ウォーターマンの「エクセレント・カンパニー」（人間のインセンティブを向上させる企業）[28]、1994年にはジム・コリンズとジェリー・ポラスの「ビジョナリー・カンパニー」（独自の「基本的理念」を維持し、組織全体で理念の進化を促す企業）[29]、1997年にはチャールズ・ハンディーの「市民としての企業」（市民同様に品位や社会貢献性を備えた企業）[30]、2012年にはロザベス・カンターの「グレート・カンパニー」（資本の論理から制度の論理に従う組織）[31]、2014年にはジョン・マッキーらの「コンシャス・カンパニー」（意識の高い企業、マルチステイクホルダーに配慮した経営スタイル）[32]、2015年にはピーター・ピーダーセンの「レジリエント・カンパニー」（柔軟で社会との関係を重視した企業）[33]などです。これらの企業像は、エクセレント・カンパニー以降、理念型経営の確立と社会との関係性を重視する方向に変化してきています。

　このような問題を解決するためには、個人と組織をいかに成長させるか

という視点を持ちながら、企業そのもののあり方を問い直すということが必要です。本来企業の社会的責任は、このように企業のあり方を再考するために提案されましたが、結果としてうわべだけの機能に終始しています[34]。

　ここで伝えたいことは、多くの社会的課題が、基本的にビジネス、市場という制度を起因としながらつくられ、それを市場の外側から何とかしようとしても限界があるということ、そして貨幣によって切断された地域のつながりをいかに再生するかということです。ではどうしたらよいのかというと、行政、NPO、企業のあり方そのものを変えていかなければなりません。さらに、個人のありようそのものも変えていかなければいけないのです。次項からこれらを詳しく見ていきましょう。

2　政府の失敗、市場の失敗、NPO の失敗

　先に述べたように、我々の社会の閉塞感は、基本的には 3 つのセクターの失敗が起因しています。本来はこの 3 つのセクターが相互補完的に作用しながら社会を維持したり、社会的課題を解決するものなのですが、それぞれに問題を抱えていると補完が十分に機能しません。加えて、それらをさらに補完するために台頭してきた社会問題の解決にビジネスを活用する社会的企業やソーシャル・ビジネスも十分機能していません。以下では、ⅰ）政府の失敗、ⅱ）市場の失敗、ⅲ）NPO の失敗を説明していきます。

1.　政府の失敗

　まずここでは、政府 / 地方自治体（以下「行政」）の限界を、ⅰ）行政経営のスタイルの変遷と不十分さ、ⅱ）政府の失敗、ⅲ）新しい公共、ⅳ）行政経営の課題の 4 つの視点から説明していきます。

1.1. 行政経営のスタイルの変遷と不十分さ

　行政の経営スタイルは、表 1-2 のように変化してきています。1960 年代からは行政管理と言われる官僚制に基づき、法令で規則を作りながら官が治める経営スタイルがとられていました。この当時は公共政策の担い手は行政であり、その他のボランティアや民間団体等は補助的な役割しか与えられていませんでした。この時代にはマネジメントがあまり意識されず、いかに無駄を少なくするかという視点で財政学的な視点から科学的管理といわれる政策評価手法が使われました。たとえば、PPBS（planning programming budgeting system：企画計画予算制度）のように、財政を科学的に管理し、限られた予算で最も効率よく目的を達成するためのシステムが活用されてきました。しかし、1970 年代に入るとそれらが機能しないことが明らかになりました。その理由は、ⅰ）科学的知見そのものの不足：費用便益分析をおこなうためのデータや専門家の不足、ⅱ）科学的知見がアクターに十分な影響を与えられなかった：省庁幹部や連邦議会議員の関心を引かなかった、ⅲ）科学的知見を用いた政策決定への態度の違い：連邦議会において推進派と消極派に分かれてしまった[35]、ことです。

　それが 1980 年代になると、NPM（ニュー・パブリック・マネージメント：新しい公共経営）という経営スタイルが台頭してきます。この背景と

	基礎理論	統制手段	組織運営	市場との関係	社会システム	主たる政策
行政管理 1960〜	官僚制	法令規則	官治主義	例外的な活用	政治	交付金／補助金
NPM 1980〜	経済学 経営学	業績評価	顧客主義（中心は行政。市場を利用）	契約システムの広範囲の適用	政治	交付金／補助金
NPG 2000〜	経済学 経営学	業績評価 監視	顧客主義（中心は行政。市民参加）	積極的な活用	市場	交付金／補助金

表 1-2　行政の経営スタイルの変化

しては、1960年代は非常に税金の使い方が非効率であったために、もっと効率的に使う手法の開発が望まれていました。このNPMは、端的に言うと、公的機関の経営に企業の経営手法を応用することで、行政経営のベースが財政学から経営学の視点に移行していきました。その中心は、企業で使われてきた業績評価です。この考え方が入って、税金を使った事業がどれだけの効果があったのか測定する「ベンチマーキング」（組織が改善活動をおこなうときに、業界を超えて世界で最も優れた方法あるいはプロセスを実行している組織から、その実践方法（プラクティス）を学び、自社に適した形で導入して大きな改善に結びつけるための一連の活動）という手法が普及していきます。加えて、このシステムがもっている消費の視点つまり公共サービスを消費する市民を対象に顧客主義的な発想が導入され、市民はお客様、公的機関はサービス業といった考え方が台頭していきました。また、公共政策も徐々に行政を中心としたものからその他の民間団体と一緒に担っていくという視点に移行していきました。

　NPMはニュージーランドやイギリスから生まれます。マーガレット・サッチャーが首相になった1970年代後半は小さな政府が叫ばれるようになり、行政を小さくもっと効率化する方向性が明示されました。その具体策として、行政が本来おこなうべき事業を、企業やNPOに外部委託する手法がとられました。1990年代に入ると、その手法としては独立行政法人（各府省の行政活動から政策の実施部門のうち一定の事務・事業を分離し、これを担当する機関に独立の法人格を与えて、業務の質の向上や活性化、効率性の向上、自律的な運営、透明性の向上を図ることを目的とする制度）とPFI（Private Finance Initiative：公共施設等の建設、維持管理、運営等を民間の資金、経営能力及び技術的能力を活用しておこなう手法）が台頭してきます。独立行政法人は、国立大学がこの形態をとっています。PFIは民間の知識、資金、手法を活用した公共施設の建設・運営などに活用され、税金の投入を最小限にする手法として使われています。近年の代表的事例が、佐賀県武雄市図書館で、カルチャー・コンビニエンス・クラ

ブ株式会社（東京都渋谷区）に委託された事例で、利用者が半年で前年の3.5倍に跳ね上がりました[36]。

　しかし、NPMは、結果として、PPBS同様に事業が適正に評価できないということが明らかになっていきます。たとえば、生活保護制度は、人々の生活の改善や自立にどの程度効果があったのかを適正に評価できなかった。つまり行政の事業は具体的な数値化が非常に難しいということです。しかしNPMの中途半端な導入が弊害をもたらしてしまいました。たとえば、事業評価をしなければならなくなり、本来手法であったものが目的化してしまうというケース（手法の自己目的化）が頻発します。たとえば、多くの地方自治体では、市民が主体的にまちづくりをおこなうことで、小さな政府化を図る政策のベンチマークとして、NPOの数が使われます。本来、市民がどのようにまちづくりに参加し、どの程度小さな政府になったかを見ようとすれば、NPOがどのような経済規模で、どのような社会サービスを提供できたかを測定すべきですが、単なるNPOの数に執着しまう結果を招き、NPOの自立性などの質を問題とせず、手法としてのNPOの数がいつのまにか目的となってしまっています。また、外部委託という手法も、すべての事業プロセスを公的機関が決めていることが多いため、企業やNPOが自らの工夫を入れる余地がなく、単なる下請け業者になり、民間の能力を十分に発揮できるところまで到達できませんでした。

　1990年代中頃から2000年代にかけて、NPG（ニュー・パブリック・ガバナンス：新しい公共統治）という概念が台頭してきます。それは、2つの意味をもっています。第1には、政府や非営利組織へのコーポレート・ガバナンス（企業統治）の仕組みの導入です。つまり、議会や会計監査といった従来の統制手法だけでなく、情報公開や行政評価、マニフェストなど企業経営に由来する仕組みを通じて政府を統治することです。第2には、政府だけでなくNPOや社会的企業、大企業も参加して社会的課題の解決策を考える仕組みづくりで、「ガバメントからガバナンスへ」とも称される動きです。具体的には市民を含めた多くの主体が参加できる新しい経営シ

ステムを行政が取り入れようとしました。この特徴は極端な市場主義に偏った手法への反省として、多様な主体によるコラボレーション（協働）をベースにした公共政策と、行政の役割も供給主体というよりも調整主体へと変化することです。しかし、本当にこれを日本の地方自治体が実施できているのかと言うと、かなり懐疑的な結果となっています[37]。そこには地方自治体は多くの事業が法的に決められた事業であること、民間の知識、資源、手法を活用できるような対等な協働関係が構築できないことなどが理由としてあげられます。近年では、政策立案能力が劣化しているという指摘もあります[38]。2006年4月の地方分権一括法の施行で、「下請け的自治体」から解放され、政策自治体としての地位を獲得しました。しかし、政策プロセスが全く見えず、ボトムアップ方式の政策形成は、現状維持のライン幹部で押さえられていると指摘されています。

結論として、行政の経営スタイルは、変化しつつありますが、多種多様なニーズや急速な社会環境に対応できていません。とくにオープン・イノベーションの時代において、民間の知恵を上手に活用した公共のイノベーションの創出が難しい状況にあります。民間の知恵を活用する「協働」も手段の目的化が発生し、行政の経営スタイルを変えずに協働だけするという本末転倒な状況もおこっています。このあたりは第4章で詳しく見ていきます。

1.2. 政府の失敗

次に、行政サービスの限界という側面をみていきましょう。ここでは独占、公平性と画一的サービス、中位投票者の定理の3つの視点からみていきます。

第1の問題は行政の地域サービスなどの独占です。企業の場合には、独占禁止法によって独占を禁止されるわけですが、行政は独占を許されています。独占禁止法の目的は自由な競争の確保を通して、一般消費者の利益

を確保するとともに、国民経済の民主的で健全な発達を促進するということです。行政は地域に1つしか存在できないために独占状態にあります。この独占が行政サービスの質を低下させ、市民の利益に著しく影響を与える可能性をもっています。そこには法律による制限と市場規模による制限があります。法律的制限は、主に権力行使を伴う行政にしか提供できない行政サービスはもちろん、教育制度は学校法人、福祉制度は社会福祉法人、などの厳しく規制された領域のことです。市場規模による制限は地方都市など地域の市場規模が小さな場合には企業おろかNPOさえも参入できない領域や、希少性ゆえに治療や医薬品開発が進まない難病などのニーズが小さな領域です。このことによって結果として行政が独占し、他に選択肢がないために甘んじて劣悪なサービスを受けざるをえない場合が存在しています。単純に政府・地方自治体の独占がいけないということではなく、他の代替を制約する、選択できない状況が問題です。行政はその点を理解しサービス等を提供することも重要です。

第2には、画一的・公平性が求められる公共サービスが、市民の多様なニーズに応えることができないという視点です。公的機関は基本的に市民に対して同じようにサービスを提供しなければいけない、という考え方が

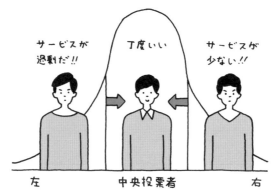

図1-9　単峰形選考

あります。その前提から、サービス量や質が多すぎる、あるいは過剰だと感じる人（図 1-9 の右サイド）と少なすぎると感じる人（図 1-9 の左サイド）を生み出していきます。さらに、行政の独占やライフスタイルの変化によってニーズが多様化し、1 つの供給スタイルしかもたない行政サービスは、市民のニーズを充足させることができなくなっています。加えて、所得水準の高い人々は市場から自らのニーズにあったものを調達すれば良いのですが、その他の人々はますます行政に依存していきます。行政が悪いという話ではなくて、基本的な考え方なので、この公的機関の限界を前提に NPO などによる他のサービス提供方法を考えなくてはなりません。

第 3 には、「中位投票者の定理」です。これは NPO の存在理由になってきます[39]。中位投票者の定理は、1950 年代にアメリカで議論されるようになりました。この定理は図 1-9 のような単峰型選考の場合に、一番多いところ、平均的に多いところ、すなわち中位投票者のニーズを充足するように政策が決まっていくというものです。そうすると、画一的なサービスと相まって中位の前後の人々のニーズとマッチしない状況を生んでいきます。

ここまでみたように行政システムは基本的に多様化するニーズに対応できるシステムとはなっていないということです。これを単に批判するのではなく、行政とはどのような役割をもっているのかを考え、他のセクターがどのようにそれを補完するかを考える必要があります。一方、後段で示すように行政の経営システムとして不十分なところがあるので、そこは改善が必要です。

1.3. 新しい公共の台頭

2000 年代に入ってくると、新しい公共という概念が登場します。ヨーロッパではビックソサエティ（大きな社会）と言われます。これは、公共を、国や自治体のみが担うのではなくて、民間ボランティアや NPO、民間企業が分担することで、歳出削減と社会福祉の両立を目指すのが、新しい公共

の考え方です⁴⁰。

　今まで我々の社会生活を維持する社会サービスは、税金によって賄われてきたのですが、大きな財政赤字（国民一人当たり1000万円超）⁴¹を抱えていく中で、歳出削減をしなければならなくなっています。それでも我々の生活レベルを下げないためにはどうしたよいのか、また歳出削減と社会福祉の向上という矛盾する部分をどう解消するのか、その1つの答えとして、多様な主体、市民を含めてボランティアとか、NPO、企業などが支えていかなければ、これからの日本社会は成立しないという考え方です。

　それを整理すると、基本的には、小さな政府化でどんどん行政は小さくなっていきますから、民間主導で社会を作っていかなくてはなりません。そうなると市場性が重要になります。市場性と社会性の両立が重要になります。結果としては、新たな担い手が必要になります。しかし政権交代と共に、ほとんど使われなくなりましたが、地方創生の部分で考え方は引き継がれています。

1.4. 行政の課題

　行政の経営課題として考えられるのは、ⅰ）行政によるコントロールの弊害、ⅱ）少人数のニーズへの不対応、ⅲ）縦割り主義、ⅳ）長期計画と政策の不一致、ⅴ）考え方の硬直化、ⅵ）手段の目的化の6つあります。

　第1には、計画的に国が国家戦略や地方自治体を、地方自治体が地域開発をコントロールすることの弊害で、冒頭で説明した自己組織化とは逆に上位からコントロールすることです。上位からのコントロールはこれまでも実行され、官僚制と併せて自由度の少ない、構造化されたシステムで、社会変化に対応できないシステムとなっています。コントロール型行政は、効率的に、公平にサービスを提供するために適したシステムですが、ニーズが多様化したり、後段で説明する小さなニーズに対応しにくいことと、社会環境の変化に対応できないという課題をもっています⁴²。

第2には、公平性の原則や中位投票者の定理と関連して、市民ニーズの市場規模が小さな場合にはそのニーズを充足できないということです。たとえば、病児保育のようにいつ発生するか、あるいは少人数の場合などそれらに対応できない場合や、以前は24時間介護などニーズが多くない時には行政がサービスをできませんでした。しかし、大きなニーズになるまで待つことはできません。なぜなら、当事者の困難は待ってくれないことと、社会的課題を大きくする可能性をもっているからです。このように、市民ニーズが多様化した際におこる小さなニーズに十分対応できないことが多くなっています。一方でこのようなニーズの市場規模が小さい問題は、従来近所や親子などの地域コミュニティが支えていましたが、資本主義の浸透に伴って地域コミュニティに依存せずに暮らせるようになった影響や、個人の孤立化にともなって行政への依存率が高くなっていることが問題となっています。

　第3には、縦割り行政による弊害です。ここもNPOの活動領域となるところで、縦割り行政の隙間のニーズに十分対応できていません。これは公的機関が官僚システムで構築されると、分掌によってあらかじめ仕事の領域が決められ、そこに収まらない課題は十分に対応できないということです。極端な場合には行政がそれらの隙間の問題を放置することで、新たな社会的課題を生む可能性さえもっています。

　第4には、長期ビジョンと意思決定の不一致で、長期の基本計画をもっていても、首長が変わると政策が大きく変わってしまいます。この要因は、長期計画とは別に、NPMでも紹介した首長が掲げるマニフェストが優先されるためです。加えて、本来長期計画を実現する上で効率性を追求すべきですが、税が減収になっていることもあり、効率性ばかりに目がいくため、長期計画より効率性に焦点があたることとなっています。

　第5には、解釈や考え方の硬直化です。これまで地域活性化といった場合に、地域資源の活用というボトムアップ型の地域活性化策ばかりを考えていました。しかし何が地域資源か、誰がどのように決めているのでしょ

うか。これは地域の資源だと、誰かが解釈しているわけです。ここでの課題は地域資源というレッテルとその活用方法が硬直化しているということです。これは、地域活性化において「よそ者、馬鹿者、若者」が重要と言われることと関連し、解釈や考え方の多様性が重要だということを意味しています。つまり、行政はそれらが硬直的で、革新性に乏しいということです。行政は組織構造や意思決定システム(過去からの評価しかできない管理職等)が硬直化しすぎていることから、イノベーションを創発できない状況にあります。

第6には、手段の自己目的化です。本来行政の目的を達成するために事業(手段)をおこなうが、事業をおこなうことが目的化しています。たとえば、行政とNPOの協働が10年以上前から取り組まれていますが、社会的課題の解決に貢献している事例が十分ではありません。その理由は協働が目的化してしまって、協働するだけで目的を達成してしまっているということです。このような事例は多方面でみることができます。この理由は先に紹介したNPMの台頭によるベンチマーキングの弊害とみることができます。

2. 市場の失敗

ここでは、市場の失敗について、ⅰ)経営スタイルの変遷、ⅱ)市場の失敗、ⅲ)企業の抱えている課題、ⅲ)企業の社会的責任、ⅳ)企業経営の課題の4つの視点から説明していきます。

2.1. 経営スタイルの変遷

まず企業の経営スタイルの変遷を図1-10に従って振り返っておきましょう。もともと、1960年代に確固たる経営スタイルが登場します。それが株主基本主義(経済基本主義)といわれるタイプで、「企業の責任と

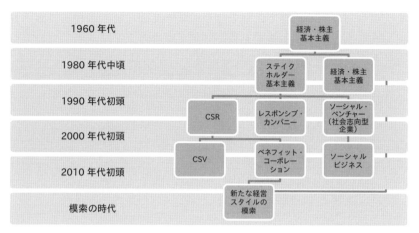

図 1-10　企業の経営スタイルの変遷

は株主利益の最大化にある」というミルトン・フリードマンの考え方を基本とした経営スタイルで、表 1-1 の 2.0 にあたります。ここで押さえておくべきことは、「企業は株主のものである」という考え方です。それ故に企業は株主の希望に沿って経営をするべきであると考えられています。このタイプはグローバル化と相まって現在も主流派のポジションを堅持しています[43]。日本においてもこのような考え方を強化する動きが活発化しています。

1980 年代になると、社会運動や公害の問題を反映し、ステイクホルダー基本主義という考え方が出てきます。これは、株主以外の従業員やサプライヤーなどの多様なステイクホルダーに配慮した経営スタイルで、エドワード・フリーマンが起点になっています[44]。この時のステイクホルダー基本主義は、あくまでも倫理的な側面からステイクホルダーに対して配慮するといった流れです。これ以降、企業の社会的責任の台頭もあり、株主基本主義とステイクホルダー基本主義の論争が現在まで続いています。

さらに 1990 年代になると企業と社会の関係が重視されるようになり、

またグローバル化の影響で企業の経済規模が一国の経済規模を凌駕するようになってくると、株主基本主義もステイクホルダーに配慮した経営が求められるようになり、「企業の社会的責任」が求められるようになります。また、環境問題等の社会的課題が顕在化する中で、社会的課題の解決を目的としたソーシャル・ベンチャー（株式会社タイプ）やソーシャル・エンタープライズ（NPO＋株式会社）といった新しい経営スタイルの企業が登場してきます。後段で説明するように、事業をベースとした事業型NPOと言われるタイプも登場してきます。

2000年代になると、さらに企業と社会の関係が深まっていきました。事例で詳しく説明するように、パタゴニアが提唱する「レスポンジブル・カンパニー」という概念が登場したり、事業形態に着目した「ソーシャル・ビジネス」などが登場してきます。前者は企業活動が必ず環境破壊を作り出してしまうことを前提に、環境破壊をいかに最小化するかという考え方で、後者はベンチャーやNPOのみならず一般企業も社会的課題の解決に貢献する事業を展開すべきであるという考え方です。

さらにCSRの考え方にも変化が生じます。ステイクホルダーの要求に対応する「守りのCSR」という考え方から、積極的にCSRを戦略的に活用する「攻めのCSR」という考え方に変化していきます。具体的には後段で詳しく説明するマイケル・ポーターが提唱したCSV（Creating Shared Value: 共有価値の創造）で、社会的課題を解決しながら経済的価値を最大化しようとする戦略です。

ここの流れを見ていると、「株主基本主義」から「多様なステイクホルダーに配慮した経営」が増加してくるという歴史があります。この先にはマルチステイクホルダー型ともいえる経営スタイルが想像できます。つまりこの図1-10で伝えたいことは、株主という単一のステイクホルダーに配慮した経営から、多様なステイクホルダーに配慮した経営スタイルに変化してきているということです。

また株主基本主義は、株主利益を最大化することが目的になっており、

その関係性の中だけでビジネスをしていくと、様々な社会的課題がこぼれ落ちてくるということです。その背景には本来企業がもっていた企業の存在意義というものが忘れ去られてきています。たとえば、株式会社ワコール（京都府京都市）は「世界中の女性が美しくあってほしいという願い、女性が美しくいられる社会が平和な社会」という想いをもって起こされた会社です。このように本来企業とは「何のために仕事をしているのか」という想いをもって創業されています。ワコールは今でも創業者の想いを堅持するビジネスを展開していますが、多くの企業がそれを忘れ、利潤最大化のみを追求する経営スタイルに走っています。

それが特定のステイクホルダーに偏った経営スタイルになっている原因です。そしてその偏った状態を保持したまま、社会との関係を議論するために、バランス論や2項対立に陥っていきます。一番の問題は、企業と社会の関係の中で、企業の持続的な経営に最も必要なイノベーションとの関係が十分に議論、展開されていないということです。

2.2. 市場の失敗

次に、本書とかかわりのある i) 公共財の存在、ii) 情報の非対称性、iii) 外部性について説明します。

第1には、公共財の存在です。公共財というのは、非競合性と非排除性という2つの特徴をもつ財やサービスのことです。たとえば道路、公園、法律などがそれに該当します。また、どちらかの特徴をゆるめたものを準公共財といいます。このような公共財や準公共財は、料金が適正に徴収できないために、市場では供給できない。つまり市場では供給できない財・サービスであり、これが市場の失敗の1つとなっています。逆に言えば政府の存在理由ともなっています。

第2には、情報の非対称性です。ビジネスにかかわる情報は、明らかに消費者より企業のほうが多く持っています。たとえば、商品の成分や生産

方法といった情報量は、消費者より企業のほうが多い。それゆえに生産過程で児童労働がおこなわれていたり、劣悪な労働環境や長時間労働で労働者の人権が守られていないといったネガティブな情報がなかなか出てきません。これは、CSRの中でも情報の透明性という視点で課題とされています。また企業同様に行政も情報を十分に公開していません。それゆえに企業や行政を監視するCorporate Watch[45]やGovernment Watch[46]といったNPOの存在理由ともなっています。

第3には、外部性です。外部性というのは、正の外部性と負の外部性があります。単純に正は良い影響で、負は悪い影響です。特にここで問題なのは、負の外部性です。たとえば、効率性を追求するあまり、製品の生産時に処理すべき汚水等をそのまま川へ流し、公害を作り出していることなどです。具体的には、古くは水俣もそうですし、川崎や四日市など、生産をする中で煙を出したり、水を処理せずに川へ流してしまって病気になっていくといったことです。この負の外部性も大きなポイントになります。

2.3. 企業の抱えている課題

ここでは本書とのかかわりのあるi）アングロサクソン型ビジネスモデルの限界、ii）機能的ニーズの充足、iii）新興国の台頭、iv）経営哲学の喪失、v）従業員のインセンティブ構造の変化の5つの視点から現在の企業の抱えている課題を見ていきましょう。

第1には、アングロサクソン型ビジネスモデル（アメリカ型株式資本主義をベースとしたビジネスモデル）の短期利益／株主資本主義では成長が見込めないということです。そこでは、株主に対して利益を最大化し、短期的に利益を株主に配当することが求められます。その結果、長期的な戦略を立てにくい、ステイクホルダーに配慮した経営に舵を切りにくい、業績が悪化した場合は株主価値を維持するために人員を削減し、雇用は不安定になり、賃金制度では成果主義をとり、自己責任を重視するといった特

徴をもっています[47]。このような特徴を持つために、企業は社会との関係性が株主価値（利益の最大化）という単一構造になっており、このような企業に集まるステイクホルダーも同様の価値観で集まるため、多様化しにくく、環境変化やイノベーションに対応しにくい傾向になります。

　第2には、機能的ニーズの充足です。たとえば皆さんが持っているスマートフォンは、全部の機能を使えているわけではなく、一部しか使えていません。つまり、どんなに機能を増やしたとしても、消費者が機能だけで商品やサービスを選択することは考えにくいのです。これまでの企業は機能によってその差別化を図ろうとしてきており、そのような単一の価値観だけ、単純に技術だけ、機能を付加しただけでは生き残れない時代になっているということです[48]。

　第3には、新興国の台頭です。経済がグローバル化する中で、多くの新興国が経済の担い手として台頭してきています。たとえば、中国、韓国のみならず、ベトナム、タイ、インドネシア、アフリカ、南米などです。そこでは安い労働力を背景に、世界の工場と言われた中国をしのぐ勢いで世界経済の担い手になってきています。しかも、その工場はオリジナル製品そのものを作り出すようになっています。たとえばサムソンのスマートフォンが中国の格安のスマートフォンに追い落とされて、減益しています。その他にも家電の部品も格安でつくれるようになってきています。

　第4には、経営哲学の喪失です。これは、株主基本主義の浸透によって、先にワコールの事例で述べたような、なぜ起業したのか、企業の使命はなんなのかといった経営哲学の存在が希薄になっているということです。簡単にいうと企業の「らしさ」が失われつつあります。「らしさ」や哲学の存在が薄くなっている意味は、本来意思決定に反映されるべき経営哲学、経営理念等が隅に追いやられ、利潤最大化あるいは効率性が優先されているということです。つまり多くの企業が経営哲学を掲げていますが、経営にほとんど影響をあたえていません。経営哲学がないと、ニーズや環境に敏感に反応し、他社と同じような製品やサービスを展開する傾向が強くな

り、長期的に見れば差別化がしにくく、いかに安い商品を提供するかという体力勝負になっています。また、上記の機能に集中し差別化を図ろうとします。グローバル化は単に株主基本主義をベースとするのではなく、経営哲学をベースにグローバル化しなければなりません。それを怠ると、金太郎飴のような同一価値観の企業を大量に作り出すだけになり、結果として経済規模の大きい企業だけが生き残り、寡占化するだけです。そして、経営戦略、マーケティングやPRといったものは、本来経営哲学やミッションを実現する手法ですが、経営哲学がない状態で、手法によってのみ差別化を図ろうすることしかできなくなっています。

たとえば、メーカーが哲学をなくし、市場のニーズに即したビジネス形態をとろうとすれば、工場・製造部門を持たず市場の変化に対応しやすいファブレス方式やBPO（ビジネスプロセス・アウトソーシング）を導入するべきですが、そう簡単に研究開発や製造部門を廃止できません。結局中途半端な状況に置かれ、ますます厳しくなっています。現代企業の経営スタイルにおいて、意思決定の基準となる効率性や利潤最大化に唯一対抗できる経営哲学をもたないことによって、このような状況を作り出していきます。

第5には、従業員のインセンティブ構造の変化です。1980年代以降、我々の生活が企業や企業福祉に依存していたころは、大企業に就職し、高給与と高い福利厚生を望む人々が多かったのですが、近年では事情が変わってきています。たとえば、日本であれば大学生の就職ランキングに大手企業がずらっと並びますが、表1-3のようにイギリスやアメリカでは少し事情が異なっています。それらの国では、ベスト10にNPOがランクインしています。現代の大学生の中には「社会に貢献したい」という思いから就職先を選択する傾向が出てきています。日本においてもCSRや社会貢献などの領域に関心のある学生が増加しています[49]。このように、従来のような単一の価値観に基づいた従業員に対するインセンティブでは人材、ましてやイノベーションに必要な多様な指向をもった人材を集めることが

No.	Company(US)	Company(UK)
1	Walt Disney Company	BBC
2	Google	Channel 4
3	U.S. Department of State	Google
4	United Nations	Civil Service
5	*Teach for America*	ITV
6	FBI	*Oxfam*
7	*Peace Corps*	British Council
8	Apple	*Teach First*
9	UBCUniversal	Apple
10	National Security Agency(NSA)	NHS

表 1-3　2014 年アメリカ(US)・イギリス(UK)文系学生人気就職先ランキング
(出典：http://www.etic.or.jp/drive/labo/4087 より作成　斜体字が NPO)

できない状況も見え始めています。

　また、現在多くの地域には、高学歴、元大手企業出身の企業家や地域活性化をコーディネートする人々も増加し[50]、以前とは異なったインセンティブを持つようになりました。ゆえに企業は多様なインセンティブをもった人に継続的に勤めてもらうためにも、従業員に対する組織のインセンティブの多様化が必要になってきています。このような多様性を担保できない企業は、先にも述べたように、経営が人という資源で成り立つことを前提とすると、生き残りが困難になる可能性さえ持っています。

　このように、企業を取り巻く社会環境は徐々に社会との関係を強化するようになり、しかもグローバル化は多様な価値観をもった市場社会を誕生させ、組織内部にも多様性が存在するようになってきており、単一の価値観では企業を経営することができなくなっています。つまり、企業を取り巻く内部／外部の環境は多様化しており、そこに対応した企業経営が求められるようになってきています。

2.4. 企業の社会的責任

　では、ここからは株主基本主義企業と社会の関係を概観しておきましょう。先に紹介したように、市場の失敗として負の外部性や情報の非対称性

順位	国名/企業名	GDP/売上 (単位:100万ドル)	順位	国名/企業名	GDP/売上 (単位:100万ドル)	順位	国名/企業名	GDP/売上 (単位:100万ドル)
1	アメリカ	15,684,800	35	タイ	365,965	69	INGグループ(蘭)	150,571
2	中国	8,358,363	36	中国石油天然気集団(中)	352,338	70	ゼネラル・モーターズ(米)	150,276
3	日本	5,959,718	37	デンマーク	314,242	71	サムスン電子(韓)	148,944
4	ドイツ	3,399,588	38	マレーシア	303,526	72	ダイムラー(独)	148,139
5	フランス	2,612,878	39	シンガポール	274,701	73	ゼネラルエレクトリック(米)	147,616
6	英国	2,435,173	40	チリ	268,187	74	ペトロブラス(ブラジル)	145,915
7	ブラジル	2,252,664	41	香港	263,259	75	バークシャー・ハサウェイ(米)	143,688
8	ロシア	2,014,776	42	ナイジェリア	262,605	76	アクサ(仏)	142,712
9	イタリア	2,013,263	43	国家電網公司(中)	259,142	77	ベトナム	141,669
10	インド	1,841,717	44	エジプト	257,285	78	ファニー・メイ(米)	137,451
11	カナダ	1,821,424	45	フィリピン	250,182	79	フォード・モーター(米)	136,264
12	オーストラリア	1,520,608	46	フィンランド	250,024	80	アリアンツ(独)	134,168
13	スペイン	1,349,350	47	ギリシア	249,098	81	日本電信電話(日)	133,077
14	メキシコ	1,177,955	48	シェブロン(米)	245,621	82	BNPパリバ(仏)	127,460
15	韓国	1,129,598	49	コノコフィリップス(米)	237,272	83	ヒューレット・パッカード(米)	127,245
16	インドネシア	878,192	50	トヨタ自動車(日)	235,364	84	AT&T(米)	126,723
17	トルコ	789,257	51	トタール(仏)	231,580	85	GDFスエズ(仏)	126,077
18	オランダ	772,226	52	パキスタン	231,181	86	ハンガリー	125,507
19	サウジアラビア	711,049	53	フォルクスワーゲン(独)	221,551	87	メキシコ石油公社(メキシコ)	125,344
20	スイス	632,193	54	ポルトガル	212,454	88	バレロ・エナジー(米)	125,095
21	スウェーデン	525,742	55	日本郵政(日)	211,019	89	ベネズエラ国営石油公社(ベネズエラ)	124,754
22	ノルウェー	499,667	56	アイルランド	210,330	90	マッケソン(米)	122,734
23	ポーランド	489,795	57	イラク	210,279	91	日立製作所(日)	122,419
24	ロイヤル・ダッチ・シェル(英蘭)	484,489	58	アルジェリア	207,955	92	カルフール(仏)	121,734
25	ベルギー	483,709	59	カザフスタン	200,484	93	スタットオイル(ノルウェー)	119,561
26	アルゼンチン	470,532	60	ペルー	196,961	94	JXグループ(日)	119,258
27	エクソン・モービル(米)	452,926	61	チェコ	195,656	95	日産自動車(日)	119,166
28	ウォルマート(米)	446,950	62	グレンコア・インターナショナル(スイス)	186,152	96	鴻海精密工業(台湾)	117,514
29	オーストリア	399,649	63	ウクライナ	176,310	97	サンタンデール銀行(スペイン)	117,408
30	BP(英)	386,463	64	ルーマニア	169,396	98	エクソールグループ(伊)	117,297
31	南アフリカ	384,312	65	ニュージーランド	167,347	99	バングラデシュ	115,609
32	ベネズエラ	381,286	66	ガスプロム(ロシア)	157,831	100	バンクオブアメリカ(米)	115,074
33	中国石油化工集団公司(中)	375,214	67	エーオン(独)	157,057			
34	コロンビア	369,789	68	エニ(伊)	153,676			

(出所:World Development Indicators(World Bank)及びGlobal 500(Fortune)をもとに株式会社クレアンにて作成)

表1-4　国家のGDPと企業の売上高ランキング(出典:http://www.cre-en.jp/solution/images/ranking_2012.pdf)

Introduction to Sustainable Company

など、様々な問題が顕在化してきています。たとえば、アジア、アフリカなどの格差や貧困が広がっていく中で、低賃金、長時間労働や劣悪な労働環境（スウェットショップ問題）、汚染された水を川や池に垂れ流すなど、利益優先の経済が拡大していきました。そこには表1-4のようにグローバル化の影響で一国の経済規模をはるかに超える企業が続々誕生し、経済規模に見合った責任が求められるようになったという背景もあります。たとえば国のGDPと企業の売上高を合わせた経済規模ランキングを見ると、上位100に企業が45社（2012年）ランクインします。トヨタ自動車はパキスタンやポルトガル以上の経済規模を有しています。このような中でCSRが求められるようになってきています。

　CSRは本格的に1990年代から大企業の中で導入されていきます。最近ではCSR調達が求められるようになり、サプライチェーンにある中小企業もCSRに取り組まないと部品を提供できなくなっています。またISO26000（2010年11月）の登場で、SRという概念に変わってきており、企業のみならずNPOや行政などのあらゆる組織に社会的責任が求められるようになっています。さらにCSRは消費者（Consumer）や市民（Citizen）のCを使う場合もあり、組織のみならず個人の社会的責任という意味合いでも使われています。本書はこの点にも着目し、後段で市民の社会的責任についても言及していきます。

　CSRには図1-11のように3つの次元があります。身近なところから説明すると、③の社会貢献活動がもっともポピュラーです。1970-80年代に日本の企業がアメリカに進出するようになり、まず求められたのが社会貢献です。社会貢献とは、企業経営資源を活用したコミュニティ支援です。内容としては、金銭的な寄付とか、施設や人材を活用した非金銭的な寄付、本来業務や技術を活用した社会貢献です。そのような経緯もあって日本の企業において、「CSR＝社会貢献」という発想が根強く残っています。

　次に②の次元で、ソーシャル・ビジネスあるいは社会的事業のことです。この次元は、社会的な商品やサービス、社会的事業の開発です。環境配慮

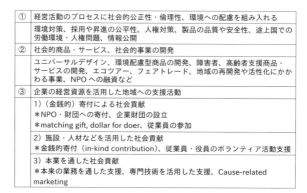

図1-11　CSRの3つの次元（出典：谷本寛治（2008）『新版企業社会のリコンストラクション』千倉書房）

型商品の開発、障害者・高齢者支援のサービス、エコツアー、バリアフリーツアー、フェアトレード、地域の再開発にかかわる事業、SRIファンド（Socially Responsible Investment: 社会的責任投資：投資基準に企業の成長性や財務の健全性などに加え、環境、人権、社会的課題などへの経営の取り組みも投資基準として考慮する投資）です。後段でソーシャル・ビジネスの限界を説明しますが、ソーシャル・ビジネスだけをやっていても次の①の次元に配慮していない経営では意味がなく、社会的課題の解決の一方で社会的課題を生む可能性を孕んでいます。

　本当の意味でCSRというのは①の次元です。これは、経営活動のプロセスに社会的な公正性・倫理性・環境への配慮をしたものを組み込むことです。簡単には、商品を作ったり、サービスを提供する経営活動の中で、従業員やお客様、環境などに配慮することです。一方で、社会貢献とか社会的事業は比較的取り組みやすい事業ですが、①の次元は経営の根幹にかかわること、たとえば取り組みには経営システムの変更を伴うため、時間がかかったり、変更が難しいなどの理由で浸透していません。とくに株主基本主義を基本とする企業には困難です。近年のCSRは既存の経営プロセスを変えないでできる③や②に偏りがちです。

図 1-12　従来の CSR のポジション

　以前は図 1-12 で示したようなピラミッドモデルで説明されてきました。これは法令順守と利益があって、初めて社会的責任に取り組めばよいという考え方です。それが結果として、利益が上がったから社会貢献をやりましょうといった状況をつくりだしてしまいました。しかしながら現在でもこのような考え方をとる企業は少なくありません。少し考えてみるとおかしなことがわかります。それは我々個人に当てはめてみることです。個人にとっては法令を守るのは当たり前で、それが社会的責任とは思わないはずです。法治国家の人間であれば法律を守って生きることは当たり前で、日本ではとくにそうです。一方で現在でもそうですが、法律を守らない企業は後を絶ちません。そのような低レベルの次元で CSR が議論されているのも事実です。また、図 1-12 のように考えると、たとえば企業と NPO との相互関係といった企業経営と社会との関係を説明することができません[51]。

　ここで言いたいことはこの 3 つの次元が同時に存在し、全部取り組まねばならないということです。つまり CSR は企業のあり方の問題を問うことです。

　近年 CSR に対する考え方が若干変わってきました。2014 年 4 月 15 日に欧州会議は賛成 599 票、反対 55 票で、大企業向け非財務情報および取締役会構成員の多様性の開示に関する EU 会社法の改正案を承認しました。これは、対象となる企業に対して、環境、社会・従業員、人権尊重、腐

敗・賄賂防止、取締役会の多様性など非財務の主要なパフォーマンス指標及び実施する適正な配慮を含む、方針、結果、リスクについての関係が深く重要な情報に関する経営報告を公開することを義務づけています[52]。つまり、ヨーロッパではCSRの法制化の流れが出てきたのです。

今までCSRは自主的な規制とか、自主的な行動基準を決めながらやってきましたが(グローバル・コンパクト、SA8000など)、いよいよ法令化がはじまります。日本の状況においては、女性の登用が非常にポイントになってきています。これは多様性という視点で、グローバルになるほど多様性が課題になります。グローバルな市場をターゲットにしている企業は、CSRにもっと真摯に取り組んでいかないと、海外市場から排除されます。日本においても、東京証券取引所が同様のことを求める動きも見え始めています。

次にCSVについて説明していきます。図1-13にあるようにCSVの基本コンセプトは、社会的課題の解決と企業の利益、競争力向上を両立させ、

CSVの基本コンセプト	CSVの3つの方向性	
CSV (Creating Shared Value)とは、社会課題の解決と企業の利益、競争力向上を両立させ、社会と企業の両方に価値を生み出す取り組み	社会課題を解決する製品・サービスの提供 Reconceiving Products and Markets	✓社会課題を事業機会と捉え、自社の製品・サービスで如何に社会課題を解決するかの探索を通じた新規事業創発・推進 代表例:GEのエコマジネーション、トヨタのプリウス、各種BOPビジネス
	バリューチェーンの競争力強化と社会への貢献の両立 Redefining Productivity In the Value Chain	✓効率化を通じたコスト削減、サプライヤー育成を通じた高品質原料の安定供給等、バリューチェーンを(新たな視点で)最適化しつつ社会課題を解決 代表例:流通業による輸送ルート最適化を通じた環境負荷軽減、食品企業による原料農家育成
	事業展開地域での競争基盤強化と地域への貢献の両立 Enabling Local Cluster Development	✓事業展開地域における人材、周辺産業、輸送インフラ、市場の透明性等を自ら強化することを通じ、地域に貢献しつつ、自社の競争力を向上 代表例:IT企業による地域のIT教育支援を通じたIT人材という競争基盤の強化

図1-13 CSVの基本コンセプトと3つの方向性[53] (出典:M. E. ポーター、M. R. クラマー『Creating Shared Value:経済的価値と社会的価値を同時実現する共通価値の戦略』ダイヤモンド)

社会と企業の両方に価値を生み出す取り組みで、ⅰ）社会的課題を解決する製品・サービスの提供、ⅱ）バリューチェーンの競争力強化と社会への貢献の両立、ⅲ）事業展開地域での競争基盤の強化と地域への貢献の両立の3つの方向性から構成されています。

　CSVを考える上で押さえておかなければならないことは、CSVの概念を提唱しているマイケル・ポーター教授がポジショニング学派の競争戦略の研究者であるということです。これは、競争戦略の一部ですが、成功要因を外部との関係でみていきます。競争に勝つためには、競争相手が少なく競争が激しくない環境、あるいは利害関係者との関係が良好であるような環境を創出あるいは探査するという考え方です。ゆえに競争に打ち勝つために社会との関係性を利用するということで、上記の3つの方向性が確認できます。

　CSVは、社会的課題を事業機会と捉え、自社の製品、サービスでいかに社会的課題を解決するかの探索を通じた新規事業の創発・推進ということです。この戦略の代表的な事例がBOPビジネス（Bottom Of Pyramid：全人口の6割にあたる、年間1日4ドル以下で生活している貧困層に対する新しいサービスを提供すること）で、貧困層の人たちの生活の質の向上に貢献します。それらは、バリューチェーン（価値連鎖は、企業の全ての活動が最終的な価値にどのように貢献するのかを体系的かつ総合的に検討する手法を指す）を最適化しつつ、社会的課題を解決する中で、効率化を通じたコスト削減やサプライヤー育成を通じた安定供給をはかり、自らのチームが他社との競争を勝ち抜く戦略です。

　一方で多くの批判もあります。たとえば、ⅰ）オリジナルではないこと。昔からある議論の焼き直しである。ⅱ）経済と社会の目的の緊張関係を無視していること。経済的ゴールと社会的ゴールのトレード・オフの関係に配慮することに失敗している。ⅲ）ビジネスコンプライアンスのチャレンジについてナイーブ。ビジネス的な欲求というネガティブな要素を扱えていない。ⅳ）社会における企業の役割に関する浅はかな概念をベースとし

ていること[54]。基本的には株主基本主義をベースに戦略として捉えているので、上記のような指摘になっています。

　これを含み、3つの問題が存在しています。第1には、ポジショニング学派には社会との関係を見るために必要な人間的視点が排除されており[55]、CSVは本書で中心的に取り上げている哲学や人間の解釈といったものを排除しています。第2には、部分戦略、事業戦略などの一部分に留まり、全社戦略になっていません。企業のあり方を抜きに、株主基本主義の経営スタイルの上に競争戦略の手段としてCSVを位置づけています。第3には、CSVが社会的課題の解決と企業の利益、競争力向上を両立させ、社会と企業の両方に価値を生み出す"戦略"であり、企業の経営のあり方を議論しているものではありません。ここも2項対立です。2項対立になると、どうバランスをとっていくかということが確定できないという難点が存在してしまいます。

　日本の企業の場合、CSVは事業戦略になっていきますので、ある事業はCSVに取り組み、そうではない事業は利潤最大化を狙うというように、同一企業の中で矛盾が発生していきます。そうなった場合に外部、あるいは従業員はその企業のことを信頼しない、という事態を招きます。株式会社ファーストリテイリング（山口県山口市）の柳井氏は、「CSVは全社でやるのが当たり前なのだ、世界一の企業になろうとすれば哲学をベースにCSVを全社でやらない限り、そこには到達できない」と指摘しています[56]。これはポーターのCSVを柳井氏流に改変した考え方です。

　CSRの課題ですが、経営プロセスにおける社会的公正性といった側面が重視されなかったことと、あるいは非常に部分的な対応に留まっていること、逆に社会貢献、社会的事業やBOPなどに偏ったスタイルになっていくということです。CSRは本来企業のあり方を再考することであるにもかかわらず、従来の経営スタイルの上にCSRを乗せている表層的なものとなっています。結果として先ほど市場の失敗のところで説明した情報の非対称性とか、アカウンタビリティというのは結局解消されていないという

ことです。

　CSV も基本的に同じことなのですが、競争戦略であって根幹にある経営スタイルを変えていないところが問題です。また、全社戦略として取り込んでいることはほとんどなく、ほとんどが部分的な事業戦略に留まっています。ある経営者は「ある事業だけは CSV で、片方では汚い金儲けをしている企業がある」という批判をされています。競争戦略として CSV を捉えるのではなく、経営スタイルとして CSV を捉えることが重要です。これは全く意味が違います。ここで示したことが SI 3.0 であり、これが課題となります。

　次に CSV と同時期に議論されるようになったコンシャス・カンパニー（Conscious Company：意識ある企業）についても見ておきましょう。これは「意識の高さ」を成長に変える、世界の超優良企業が実践する経営スタイルのことで、すべてのステイクホルダーに愛され、富と幸福を創り出して大成功を収めた多くの企業の共通点を抽出しています。具体的にはイケア、スターバックス、パタゴニア、コストコ、サウスウエスト航空、ジェットブルー航空、タタ、トヨタ、トレーダー・ジョーズ、ポスコなど、数多くの事例を取り上げ、今後も生き抜いていく企業のあるべき姿を提案しています。そしてこうしたコンシャス・カンパニーの行き着く先が、現在の資本主義を超える「コンシャス・キャピタリズム（意識のある資本主義）」です。

　この概念は、無農薬野菜を中心に扱う食品スーパーの Whole Foods Market, Inc.（米国、テキサス州オースティン）の Founder であるジョン・マッキーを中心に出された概念であり、ホールフーズ・マーケットの経営スタイルをまとめたものです。しかしながら、この概念は先に紹介したステイクホルダー基本主義の影響を受けており、倫理的な側面とマルチステイクホルダーへの配慮を中心としています。しかしながら、倫理的な側面はマルチステイクホルダー基本主義が定着しなかったことと同様に、一般的には倫理を市場原理が凌駕してしまい、経営スタイルとして浸透しませ

んでした。後者はマルチステイクホルダーへの配慮が重要なことはわかりますが、すべてのステイクホルダーに同じように配慮してしまうとコストばかりかかると同時に、どのように配慮したらよいのか明示しているものではありません。

　一方で、この概念の「すべてのステイクホルダーに愛され、富と幸福を創り出して大成功を収めた」という指摘は重要で、この考え方も参考に SI 4.0 を構築していきたいと思います。

2.5. 企業経営の課題

　企業経営で一番の問題は、特定のステイクホルダーに偏った経営スタイルが、何らかの社会的課題を結果として生んでいるということです。たとえば、株主基本主義も株主に対して利潤を最大化し、その他のステイクホルダーと対立が生まれます。社会に優しい企業という考え方も[57]、従業員に対していい経営をしているところに焦点を当てているので、他のステイクホルダー、とくに自然環境や NPO などのステイクホルダーには課題を持つ可能性があり、極端に従業員のみに配慮することも企業経営を歪めるという指摘もされています[58]。ただし、コンシャス・カンパニーのように、従業員だけではなく色々な利害関係者に配慮した経営をしているところが多くあります。さらに、行政がやっている第3セクターも基本的には行政を見ているので、顧客とかそういったところを見ていないがゆえに、赤字垂れ流しといった問題を抱えています。

3. NPO の失敗

　ここでは、ⅰ）NPO の経営スタイルの変遷、ⅱ）NPO の失敗、ⅲ）社会的企業/ソーシャル・ビジネス、ⅳ）NPO やソーシャル・ビジネスの課題の4つの視点から説明していきます。

3.1. NPOの経営スタイルの変遷

ここからは、NPOの基本概念、ⅰ）NPOとは何か、ⅱ）NPOの存在理由を説明し、ⅲ）NPOの経営スタイルを3類型から説明し、最後にⅳ）NPO、市民活動、ボランティアの混在について説明していきます。

NPOとは何か

まずNPOとは何かを簡単に説明していきましょう。ジョンズ・ホプキンス大学非営利セクター国際比較プロジェクト[59]による定義によれば、以下の5つの要件を満たしている組織をNPOと定義しています。①正式に組織されていること：その組織が組織的な実在を有していること。②民間であること：組織的に政府から離れていること。③利潤分配をしないこと：その組織の所有者あるいは理事に組織の活動の結果生まれた利潤を還元しないこと。④自己統治：自己管理する能力があるということ。⑤自発的であること：その組織活動の実行やその業務の管理において、自発的な参加があること。ここでのポイントは組織を動かす能力をもったプロフェッショナル性を担保していることです。

NPOの存在理由[60]

NPOの存在理由は大きく2つに分けられます。それは「政府の失敗」と「市場の失敗」です。これが企業や行政との相互補完性といっている意味です。政府の失敗[61]は、中位投票者や独占の問題の代替として、特定のサービス供給主体になることです。先に中位投票者の定理や公平性の原則は、行政サービスに不満を持つ人々を生じさせてしまいます。たとえば小さな地域において介護サービスは行政の設立した社会福祉協議会しか提供できなくなってしまっていて、そのサービスが気に入らなくてもサービス

を受けるしかなくなっています。そこにNPOが参入すると住民に選択肢が提供できます。そのような中位投票者や独占というシステムによる不満を解消するためにNPOが存在するのだという考え方です。

　この考え方のベースになっているのが「足による投票」[62]モデルです。このモデルの意味は、自分のニーズに合ったサービスを受けられる地域に転居するという意味ですが、ここではNPOが存在することによって転居せずともニーズに合ったサービスの提供が受けられ、しかも行政のサービスはニーズに合わないということを投票行動のように示すことができるというものです。この投票行動が、後段で説明するソーシャル・ビジネスにおいて意味を付与していきます。

　たとえば京都市に居住していたら、京都市からのサービスを受けるしかありません。しかし、京都市のサービスが気に入らない場合、大阪市の公共サービスのほうがニーズに合っているので大阪に転居することを「足による投票」といいます。今、東京都江東区が子育てに対して非常に良いサービスをしているので、子育て世代が集まっていて、子どもの割合が高いということが実際におきています。移住促進においてはこのような視点でおこなわれています。

　しかし、足による投票が現実的かというと、持ち家があったり、家族の歴史的なものや子どもの学校の問題、家計の問題などがあって、足による投票というのはなかなかできないと言われています。その代替として、地域内で京都市に変わって、NPOがサービスを提供します。そうすると、地域内で違う選択肢が出てきます。それを「地域内の足による投票モデル」といいます。こういう不満に対して、NPOが公共サービスを提供することによって、その人たちの課題とか、あるいは豊かさだとか、自分にあったサービスを選択できるようになります。それがもともとの、NPOの大きな存在理由です。しまの会社の事例の中で紹介しますが、こういうものから民間市役所という発想がでてきました。特定のサービスを提供する民間の市役所的な存在が、NPOや企業から出ています。このような事例が日本中

で散見されるようになり、政府の失敗を補完する動きをし始めています。

もう1つは、市場の失敗で指摘した情報の非対称性にかかわるNPOの存在理由[63]です。たとえば子どもや高齢者などを対象とした教育、医療、福祉の領域で情報の非対称性がおこると、企業が利潤を最大化するために、それらの人々を利用するという問題が起こる可能性があるからです。その理由は、子どもなどは自分の受けているサービスの不満などを適切に意思表示できない可能性があり、企業によって隠ぺいされる可能性が高くなるからです。そこでNPOは情報の透明性が原則にあるため、どんな教育をしているのか、どんな介護をしているのかなど、親権者に情報がオープンにされるため、このような事業はNPO形態がよいという考え方です。これが市場の失敗を補完するNPOの存在理由です。

NPOの3類型

NPOの類型は、資金、行動原理、変革方法によって表1-5のように3つ

	（伝統的）慈善型NPO	監視・批判型NPO（アドボカシー型）	事業型NPO
活動	チャリティ（無償）	政府や企業の監視と政策提言（無償）	社会的事業（有償）
スタッフ	ボランティア・スタッフ	ボランティア／プロ併用	プロのスタッフ
組織運営	アマチュアリズム	アマチュアリズム	ソーシャル・アントレプレナーシップ
行動原理	博愛主義	問題意識と批判性	効率性（市場競争、コア・コンピタンスへの意識）
マーケティング活動	受動的、マーケティング意識はない	マーケティング意識の萌芽（資源獲得において）	顧客志向、マーケティング（資源獲得、サービス提供において）
資金	寄付・会費中心	寄付・会費中心	事業収益中心
企業・政府との関係	独立的	独立的	コラボレーション

表1-5 NPOの3類型（出典：谷本寛治（2008）『新版企業社会のリコンストラクション』千倉書房）

に分類することができます。資金においては、寄付や助成金による運営形態を慈善型 NPO、事業資金による運営形態を事業型 NPO に分類します。行動原理においては、慈善型 NPO が財・サービスを贈与するものを贈与型、企業や政府を監視・批判するものを監視・批判型に分類し、事業型 NPO が、財・サービスの供給を通しておこなわれるものを交換型、企業、政府、NPO を評価し、政策提言や新しい交換形態を提案するものを評価・提案型に分類します。近年では、事業型 NPO が増加しています。

NPO、市民活動、ボランティアの混在

しかし、NPO という概念が真の意味で十分に浸透しているわけではありません。それが、顕著に表れているのが、ボランティア団体や市民活動と NPO の混在です。まずボランティア団体と NPO の混在について説明しておきます。1998 年に東京都が最初にボランティア NPO センターを設置し、全国に同様のセンターが広がっていきます。しかし、2 つの概念には違いがあります。それは、ボランティア団体はあくまでも個人が単に集まっただけであるのに対して、NPO は共通の組織目的を持って動く組織だということです。たとえばボランティア団体は、お年寄りに何かしてあげたいとか、掃除をしましょう、川をきれいにしましょうなどといった、個人の想いに帰着し、組織ではなく、あくまでもボランティア「団体」として集まっているだけです。厳密にいえば、ボランティア団体は組織ではないということです。

そして市民活動と NPO の混在も問題です。市民活動とは、一般的に「営利を目的とせず、社会的な課題の解決に向けて、市民が自発的、自主的におこなう、不特定かつ多数のものの利益の増進に寄与することを目的とする活動のことです」[64]。ここでポイントは、組織ではなく活動にあることと、プロフェッショナル性を問われていないことです。あくまでも市民が自発的、自主的に公益のためにやる活動を市民活動といいます。NPO は後段で

示すように本来プロフェッショナルな組織でなければならないのです。それが Not For Profit Organization と呼ばれた理由です。組織とは、意識的に調整された 2 人またはそれ以上の人々の活動や諸力のシステムのこと[65]です。しかし、組織を持続させるためには専門性が必要です。市民活動はそこの要件に関係なく、市民の自主的な活動を指しています。市民活動と NPO は同じではなく、市民活動の一部が NPO ということになります。広義として NPO に含めることは否定しませんし、行政は NPO の台頭で市民の参加を必要としているので、市民とのコラボレーションを否定しません。しかしながら、現在の行政と NPO の協働は、性格もマネジメントスタイルも異なる 3 つの形態が混在する中でおこなわれています。そのような状況では十分な政策効果を期待できません。とくに新しい公共を推進するのであれば、真に自立した NPO と協働すること、あるいはそのような NPO を育てることを考える必要があります。

3.2. NPO の失敗

　次に NPO の失敗を見ていきましょう。それには 4 つあります。政府の失敗と市場の失敗を補完することを存在理由として NPO が存在するにもかかわらず、実際には政府や市場同様ボランタリーの失敗も 1992 年に指摘されています[66]。第 1 には、「不十分さ」で、NPO だけでは全てのニーズを満たすことはできないということです。第 2 には「偏重性」で、特定のステイクホルダーや問題に偏る傾向があるということです。第 3 には「パターナリズム」ということで、独自の財源を持たないことによって、パトロンの指向性に影響されるということです。第 4 には「アマチュアリズム」で、資金的な制約から専門職を集めることが困難な場合が多く、専門性に欠けることが多いということです。

　日本では、偏重性とアマチュアリズムの 2 つが課題となります。たとえば、偏重性とは、本来意味するところは資金提供者の意向に偏重するとい

うことですが、本書ではもっと広く捉え、高齢者、障害者、環境といった特定の課題に偏重することで、これは企業と同様に、特定の課題や利害関係者に偏ることを意味し、その周辺で社会的課題を生む可能性を持っています。たとえば、ある地域では特定集団のニーズに対処する NPO が多数出現する反面、全くサービス提供を受けない集団が存在する可能性も否定できない、と指摘されています[67]。俯瞰、あるいは全体を見ずして深く入りすぎてしまうところに大きな問題があります。「全体のバランスを配慮して公平かつ均一的にサービスを供給できる点では行政の方が優れている」との評価が加えられがちです[68]。

次にアマチュアリズムですが、日本の多くの NPO は専門性を持たず、自立していません。たとえばアメリカの NPO では当たり前になっている資金調達を専門とする人を置いている NPO は多くないという事実からも明らかでしょう。他にも、専門的な職員ではなく、アマチュア中心の運営では、複雑さの増した社会的課題への対応にも限界が生じる恐れがある、と指摘されています[69]。

NPO の課題については、以下の社会的企業と類似するため、後段で一緒に説明します。

3.3　ソーシャル・エンタープライズ / ソーシャル・ビジネス[70]

ここでは、ソーシャル・エンタープライズとソーシャル・ビジネスのⅰ）概要を説明し、ⅱ）一般企業が社会的課題を担うようになったポイント、ⅲ）組織形態、ⅳ）2 つの制約、ⅴ）特徴、ⅵ）社会的課題の解決にビジネスを利用する理由の6つの視点から説明します。なぜここで上記を NPO の中で説明するかというと、日本においては社会的課題の解決のみに焦点があたり過ぎ、事業型 NPO の発展系として捉えることができるからです。

概要

　ソーシャル・エンタープライズは、社会的課題の解決にビジネスの手法を活用する組織のことです。この概念が正式に出てくるのが 1991 年からです。日本語に訳すと、社会的企業とか社会企業、社会起業です。この概念はアメリカで 1980 年代から補助金等の削減が顕在化し財政問題を解決するために、企業家機能を活用し、NPO を事業化するところからスタートします。それ故に、この概念は資金調達という意味合いが強く、なぜ社会的課題の解決にビジネスを活用するのかという視点が欠落していました。アメリカでは当初事業型 NPO のことをソーシャル・エンタープライズと呼んでいましたが、現在では株式会社タイプのソーシャル・ベンチャーを含んだ概念として使われています。

　一方で、近年日本においては、ソーシャル・エンタープライズという概念の使用頻度が減少しています。その理由は、社会的課題の解決に貢献する一般企業が増加し、それをソーシャル・エンタープライズという表現では説明できなくなってきたからです。たとえば、事例で紹介する IKEUCHI ORGANIC などは、ソーシャル・エンタープライズではなく普通の企業だとはっきりと言います。そこで近年では「ソーシャル・ビジネス」が使われるようになっています。つまり、今までは組織形態としてソーシャル・エンタープライズを使ってきたのですが、一般企業の参入によって組織形態で捉えるよりも「事業形態」で捉えるようになってきています。

　ソーシャル・ビジネスは 2003 年頃から使われるようになります。本格的には 2006 年に経済産業省のソーシャルビジネス研究会からで、それ以降ソーシャル・ビジネスが中心的に使われ始めました。ソーシャル・ビジネスの定義は社会的課題の解決にビジネスを活用すること。それが事業目的になっているということです。要件は、ⅰ）社会的課題の解決という社会性、ⅱ）ビジネスという事業性、ⅲ）それらの 2 つを結びつけるための革新性、の 3 つがあります。

ここで注意してほしい点は、ノーベル平和賞をとったムハマド・ユヌス氏の定義と異なっていることです。彼の定義はあくまでも「投資家は投資額のみを回収できる。投資の元本を超える配当はおこなわれない。加えて従来の企業とは異なったソーシャル・ビジネス専門の企業を設立する」ことをソーシャル・ビジネスとしており、ここで紹介した日本で使われる定義より限定しています。あえてユヌス氏の定義を紹介した理由は、その定義を利用すると一般の企業のソーシャル・ビジネスを否定しまうことと、あくまでもこれまでの企業と別の存在として定義してしまっているため、企業のあり方を社会との関係性で考えようとしている本書の文脈にはなじまないためです。

一般企業が社会的課題を担うようになったポイント

　次に一般の企業が参入してきた理由について、ⅰ）CSRの台頭、ⅱ）イノベーションの2つの視点から説明しておきます。1つ目は、1990年代以降のCSRブームによって、大企業を中心にソーシャル・ビジネスに参加する企業が増加してきたことです。もう1つは、ソーシャル・ビジネスの要件として説明したイノベーションの創出チャンスにかかわる問題です。イノベーションは図1-14のように社会性と事業性を結びつけるときに必要

図1-14　ソーシャル・ビジネスの要件（出典：谷本寛治編著(2006)『ソーシャル・エンタープライズ』中央経済社）

になりますが、それが単に社会的課題の解決という側面のみならず、事例として紹介するサラダコスモなど、経済的な価値を生んでいます。事例で紹介するように、ソーシャル・ビジネスは新しい収益源になるチャンスを発見しやすくすることがポイントとなっています。それは一般の企業が社会的課題の解決に参入してきている最大の要因です。そのような意味で、CSRより「イノベーション」がポイントになっています。ソーシャル・ビジネスにおけるイノベーションは社会的価値をもたらす革新（ソーシャル・イノベーション）と、経済的な価値をもたらす革新（ビジネス・イノベーション）と2つの側面を持っているため、企業の成長につながっていくということです。

組織形態

ソーシャル・ビジネスを担う組織形態は多様で、この点が日本のソーシャル・ビジネスの最大の特徴です。とくに先に説明したとおり最近一般企業がこの領域に入ってきています。一方でソーシャル・ビジネスの中心的な組織形態はソーシャル・ベンチャーなどの社会的課題の解決を目的に

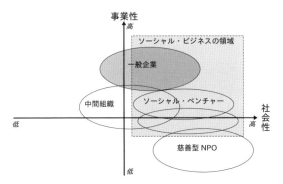

図1-15　ソーシャル・ビジネスの多様な組織形態（出典：谷本寛治編著（2006）『ソーシャル・エンタープライズ』中央経済社）

した株式会社と事業型NPOです。その他には、中間組織や社団、財団なども担い手になります。日本においてはこういった多様な組織形態としてあらわれています。今後はますますメインストリームの企業がこの領域に参入してくると考えられます。

2つの制約[71]

　ソーシャル・ビジネスは、ⅰ）市場の制約、ⅱ）経営の制約の2つがあります。第1の市場の制約は、市場規模が小さいこと、商品やサービスの対価が得られない場合があることです。前者はソーシャル・ビジネスにかかわる認知度が低いことと、ニーズそのものが顕在化していないことが挙げられます。後者は、障害者や高齢者、貧困層、ホームレスの人たち向けのサービスの場合に、直接それらの人々から対価が得られない場合があり、他の収益源を探す必要があります。

　第2の経営の制約は2つで、ⅰ）コストが高いこと、ⅱ）リソースが不足していることです。コストが高いとは、フェアトレードや環境に配慮した経営スタイルになるため、従来の経営よりもコストが増加することを指します。リソースの不足というのは、多くの人々や機関に認知されていないために、資金や労働力などが不足していることを指します。

　さらに上記の2つの制約にまたがった一番の制約は、生活者に社会的課題の解決を内包した商品等を理解してもらうことが困難だということです。そのためには、ソーシャル・ビジネスに生活者が参加できる仕組み、それも意識せず知らず知らずのうちに参加しているということが必要です。それは、生活者に知ってもらうことはもちろんのこと、根本的な社会的課題の解決のためには多くのステイクホルダーに参加してもらうことが必要だからです。事例で紹介するアミタホールディングスは参加してもらうために、証券市場に上場しました。

　さらに参加といってもソーシャル・ビジネスを理解し学習してもらうこ

とが必要であり、コストがかかる問題です。このような社会的課題にかかわる商品やサービスを購入する生活者（社会指向型生活者）を育成することが、行政の役割になっていきます。

特徴

　ソーシャル・ビジネスは、上記の2つの制約を克服するために、組織内外に特徴的な経営スタイルを持っています。組織内においては、ⅰ）参加のシステム、ⅱ）企業家チーム、ⅲ）組織ポートフォリオの3つがあります。参加のシステムは先に述べたように生活者を社会指向型の生活者に変えるために、参加、理解を促すツールです。ここが、なぜビジネスで社会的課題を解決するのかの答えにもなっています。その理由は、市場あるいは企業はすべての人が使っているシステムを利用し、社会的課題の解決に参加してもらう必要があるからです。これまでも社会運動やNPOなどの活動はありましたが、それは人々の生活とは異なった次元にあり、それらへの参加意識があって初めて参加できるハードルの高いシステムです。生活の中心にある市場システムを利用することで、意識せずとも参加することが可能になります。しかし、簡単には学習、参加してもらえません。そ

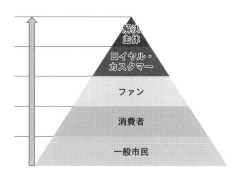

図1-16　社会指向型生活者の階段モデル

こには戦略が必要になります。

　それがマーケティングの手法を応用した図1-16のような階段モデルで、市民⇒消費者⇒ファン⇒ロイヤル・カスタマー（忠誠心の高い顧客）⇒解決主体といったように階段を登ってもらう仕組みです。しかしながらこれも簡単ではありません。詳しくは後段の事例で詳細に説明しますが、経営理念、商品やサービスの質、ストーリーがあることを前提に、丁寧に説明したり、SNSを活用したり、ワークショップやイベントを開くなど、多様な手法で時間をかけておこなっていきます。それは、個々人の多様な考え方の構造の存在と、単にモノではなくその背景にあるストーリーや物語など、商品等の関係性を理解してもらうためです。

　第2には組織ポートフォリオ戦略です[72]。これは異質な形態の組織の組み合わせのことで、たとえば企業がNPOを設立したり、NPOが企業を設立するなどです。最近ではNPOに代わって社団法人が増加しています。この戦略には3つの視点があります。第1には事業は企業が、社会性はNPOがやるという組織形態による役割分担です。第2には組織形態によって使える資金が異なるために、資金調達に合わせて組織を使い分けるということです。たとえば、寄付や会員制度といったものはNPOにしか利用できませんし、行政からの委託や補助金が比較的NPOに多いという理由です。第3には組織形態によってかかわる人が変化するということです[73]。たとえば、個々人の考え方の構造が異なっているということを前提に、NPOは事業性がないし、寄付しても報告をもらえないといった理由で信用していない人がいたり、あくまでも仕事としてかかわりたいので株式会社の方がよいといったように、個々人によって信頼する組織形態が異なっています[74]。ゆえに組織ポートフォリオ戦略は多様な人々を集める装置になります。これは後段で説明するイノベーションにもかかわります。

　第3には企業家チームです。これは異なったマインドセットや経験をもった複数の経営者によって組織を経営することです。これはソーシャル・ビジネスに限った特徴ではないのですが、ソーシャル・ビジネスで多

く利用されています。企業家チームも組織ポートフォリオ戦略同様に、ⅰ）事業と社会の役割分担、ⅱ）ネットワークの多様性とイノベーションの創発、ⅲ）多様な人々の参加、ⅳ）制度変革が重要です。ⅰ）は、企業家チーム内で事業の責任者、社会課題の認知の責任者といったように役割分担することです。典型的な事例がNPO法人かものはしプロジェクト（東京都渋谷区）です。共同代表の村田早耶香氏は、児童買春の問題を講演等で訴える役割を担い、同じく共同代表の本木恵介氏がビジネス全般をみていく、といった役割分担です。ⅱ）は、個々の企業家の持つネットワークが異なるため、企業家チームにより多様なネットワークを構築できます。このことによって、外部環境の変化への対応が容易になり、イノベーションの創発に有利になっていきます。ⅲ）は、人には相性があり、これによって参加できる場合と参加できない場合がでてくる可能性をもち、多様な人を引き付ける場合に有効です。たとえば、一人の企業家とは相性が良くない場合にも他の企業家と関係を構築できるような場合にはこの組織に参加できます。つまり参加者の多様性を担保するためにも有効だということです。ⅳ）は、制度変革がシステムの周辺から起こるため、一人の企業家だけであると既存のシステムからぬけだせない可能性をもっているため、制度外にいる複数の企業家によるチームを構成することで、制度変革がしやすくなるというものです[75]。

　次に組織外の特徴は、ⅰ）コラボレーション、ⅱ）プラットフォームの2つがあります。ⅰ）は単独の組織では社会的課題を解決できないため、他の組織とのコラボレーションを前提として事業を展開していきます。ⅱ）はⅰ）と同様に1つの組織や1つの地域でソーシャル・ビジネスを展開したからと言って、社会的課題を根本から解決することはできないため、ある組織で開発したビジネスを他の組織のプラットフォームとなるようにノウハウなどの資源を使えるようにするところに特徴があります。通常の企業の競争戦略の場合には、いかに真似をさせないかということが一般的ですが、そうではなくてノウハウやビジネスモデルの提供を逆に促進する

ということです。これができるのも、他の追従を許さない経営理念や独自の関係性を持っているからです。

社会的課題の解決にビジネスを利用する理由

　本書でここまで説明してきたように、社会的課題の多くが市場社会を原因としています。そしてそれにかかわるべきNPO、企業、政府がそれぞれ限界を持っているということです。そこを前提に、なぜ社会的課題の解決にビジネスを利用するのかということを説明していきます。

　まず1つは、先ほど説明したように、ビジネスはあらゆる人々が利用できるシステムだということです。意識しようとしまいと、我々生活者は、誰もが消費者です。たとえば、事例として説明するラッシュなどは典型的ですが、匂いが好きで、色が鮮やかだからという風に商品を買います。別にそこに動物実験をしない会社だとか、環境に負荷をかけないだとか、オーガニックの素材とか、そういうことを意識しないし、全く知りません。けれども、なんとなくきれいだし匂いがいいし、何か派手だし、ちょっと寄って買ってみようかなとファンになります。でも実際はこのような何気ない買い物が、社会的課題の解決につながっていきます。このように、市場を利用するということは、誰もが意識をせず、社会的課題の解決に参加できるということです。今まではNPOへの参加や会員になることは、高い意識があることや行動することなどハードルが高かったのですが、ビジネスを使うことによって初めて、普通の消費者が意識することなく社会的課題にかかわることができるということです。ここがビジネスを使う意味です。

　もう1つが解決主体の多様性です。行政は独占にならざるをえませんが、ビジネスという手法を使うことで、解決主体とモデルの多様化が図れます。これまでも行政は、高齢化、少子化、過疎化、そして耕作放棄地などの社会的課題の解決にかかわってきましたが、十分な成果を上げていないことが多いです。そこに市場からアプローチを加えると、様々なアプローチが

可能になります。その中から成功したモデルやビジネスだけが残っていくので、それを他の地域が水平展開あるいは模倣するようになれば、成功の確率も、解決の確率も高くなるということです。このように考えると、起業する人も、消費をする人も、投資をする人も、ビジネスや市場というものをうまく使うことで、多様な人々が多様なモデルを使って社会的課題の解決に貢献できるわけです。

　たとえば、株式会社アットマークラーニング（代表日野公三：東京都品川区）が典型的な水平展開事例です。アットマークラーニングは、福岡県川崎町と一緒に内閣府の特区制度を活用し通信制の明蓬館高校を運営しています。この高校は通常の通信制の高校と違い、不登校児や生きにくい子供たちを積極的に受け入れる SNEC（Special Needs Education Center）を併設しています。これが埼玉、愛知、岐阜、福岡、静岡、長野に水平展開されています。この水平展開は確立されたモデルを他の地域で展開するのみならず、その地域や運営団体に合わせて修正（たとえば、医療機関との連携や既存の施設を有効活用する宿泊型などの新たなイノベーションの組み込み）する、収益性を活用してその他付加的な事業を展開するなどの２つの傾向があります。１つの地域では社会的課題を解決できなかったり、インパクトが小さいことが少なくありませんが、このような手法を活用して社会的課題を面的に解決することが大きな特徴です。

3.4. NPO やソーシャル・ビジネスの課題

　一方では問題も抱えています。ここでは組織の内外に分けて説明します。

組織内部

　組織内部の問題は社会的課題の優先、偏重性、経営理念の欠落の３点が

あります。第1の問題は、事業やビジネスではなく、社会的課題が優先されてしまうことです。近年ソーシャル・ビジネスやソーシャル・アントレプレナーをやってみたい人が、とくに若い人たちに増えています。しかしながらソーシャル・ビジネスの本質的な意味をきちんと理解している人たちは多くありません。それは、ビジネスである以上、消費が発生しないとビジネスになりませんが、消費者のことを軽視する傾向があります[76]。たとえば、それはどうしてもターゲットとしている社会的課題に焦点が当たりすぎて、市場やビジネスを意識しないということが多いのです。事例でも紹介するようにパタゴニアのミッションステートメントには「最高の製品を作り…（以下省略）」というものがありますが、これは社会的課題の解決を含めた市場で通用する最高の製品を作ることが何より重要だということです。このようにビジネスという視点を疎かにする傾向があります。

　また、社会的課題の解決ばかりに焦点があたり、CSRの1つ目の次元、すなわち経営活動の公正性や倫理性を疎かにすることです。これは問題解決ばかりを見てしまうことによって、従業員の人権や働き方、環境や地域などへの配慮を疎かにするということです。たとえば、社会的課題の解決を担っているのだから、スエットショップや長時間残業、資源の浪費はよいだろうと考えることは、本末転倒です。それらの点にもきちっと配慮した経営が重要だということです。

　第2の問題点は、NPOのところで説明したように偏重性の問題です。この問題はさらに2つの側面を持っています。第1には、どうしても目の前にある社会的課題の解決というところに焦点が当たりすぎてしまうことです。たとえば高齢者とか障害者などの問題にアプローチしようとすると、そのことのみに焦点をあててしまいます。それは、行政の縦割り構造による問題と同様に、周辺にある小さな問題を見ることなく、その問題だけを解決しようとして、周辺の問題を大きくしてしまう可能性があります。たとえば、子どもの問題に焦点が当たりすぎると、子どもの隣には高齢者や障害者の問題も併存している可能性があるのに、それを見ずに切り捨てる

可能性をもっています。それらの問題を視野に入れながら子どもの問題を解決しようとしているのと、していないのでは明らかに結果が違います。極端な言い方をすると、子どもの社会的課題を解決しようとしていながら、実は高齢者や障害者の問題を作り出す可能性をもっているということです。木を見て森を見ずの状況に陥っている、あるいは東洋医学的に治療するのではなく患部だけを治療する西洋医学的な発想に傾倒しています。時には西洋医学的な発想も必要ですが、東洋医学的な発想と併用することが重要です。事例でも紹介するアミタホールディングスの熊野氏も「対症療法的事業は、ソーシャル・ビジネスではない」と指摘しています。

　また、上記で示したことと同様のことが、コラボレーションにおいても発生しています。たとえば子どもの問題を解決しようとするNPOがあり、そこで親の問題にも気がつき、両者と一緒に対応しないと問題解決できない場合には、資源が限定されるために子どもの問題を自分たちのNPOが担い、親の問題は他のNPOに任せようという発想があってはじめてコラボレーションができます。少なくともそのような問題が周辺にあるということを意識して、俯瞰して初めてコラボ―レーションできます。そしてこの狭い視野が多様性を縮減し、イノベーションの可能性も縮減させていきます。つまり、視野を狭くすることで、複雑な社会を捉えようとしています。

　第3の問題は、経営理念の欠落です。一部のNPOでは経営理念をつくっているところがありますが、多くの場合経営理念の一部であるミッションのみです。この結果何が起こるかというと、行政のところで述べたように、意思決定の基準をもっていないために、手段の目的化が起こっています。何らかの理想とする社会をつくるために社会的課題の解決を図っているにもかかわらず、社会的課題の解決が目的化してしまい、社会的課題を解決していることで満足してしまう人々が存在するようになってしまいました。このことが偏重性と相まって経営を苦しくする原因となります。それは、類似するミッションをもつ成功している事業モデルを提示した時に「その

事業は我々のミッションと一致しないので関係ありません」という答えが返ってきて、可能性を縮減していきます。これはビジョンという未来創造を内包した経営理念を持たない NPO やソーシャル・ビジネスが失敗する 1 つの要因となっています。

最後に社会的課題を解決するソリューション型のビジネスだけでは、発生しつづける社会的課題を真に解決できないという認識が十分ではないということです。

外部環境

外部環境の問題は、社会的課題の解決にかかわる市場が未成熟だということです。これを比較統計のあるフェアトレードで確認してみると、表 1-6 のように、最もフェアトレードの売り上げの大きいイギリスと日本を比較してみると、日本はイギリスの 3 分の 1 に満たないことがわかります。また、2012 年度と 2013 年度で減少している国は日本とカナダだけです。

このように、ソーシャル・ビジネスを展開するために必要な市場が日本において十分に成熟していません。このような中で展開するには大きな障害となります。この問題を解決するためには、青少年および成人の消費者教育等の政策が重要になってきており、行政の役割は重要です。その具体的な政策としてソーシャル・イノベーション・クラスター構想をつくり、SI 4.0 と同時に SI 4.0 を支える外部環境である SI 5.0 を実行する理由ともなっています。

ここで、ここまでの内容を簡単にまとめておきましょう。政府というのは、議会や特定の利害関係者を中心に事業展開します。企業も同じように株主や特定の従業員やサプラーヤーを中心に事業展開します。そして NPO は特定の社会的課題という利害関係者を中心に事業展開します。結局、現在の 3 つのセクターはマルチステイクホルダーのコンフリクトに十

一般の企業こそ「社会的課題」解決の旗手に   083

Country	2012 (in €)	2013 (in €)	Growth rate
Australia/NZ	188,045,618	189,244,894	1%
Austria	107,000,000	130,000,000	21%
Belgium	85,837,221	93,209,845	9%
Canada	182,638,667	173,179,745	1%*
Czech Republic	2,744,524	6,439,976	142%*
Denmark	71,836,714	81,080,778	13%
Estonia	1,061,938	1,756,251	65%
Finland	152,263,629	156,785,309	3%
France	345,829,378	354,845,458	3%
Germany	533,062,796	653,956,927	23%
Hong Kong	422,803	825,175	95%
India	-	641,890	n/a
Ireland	174,954,927	197,296,405	13%
Italy	65,435,059	76,355,675	17%
Japan	71,419,147	68,976,524	22%*
Kenya	-	51,064	n/a
Latvia	938,975	975,010	4%
Lithuania	846,027	842,258	0%
Luxembourg	8,319,391	9,628,859	16%
Netherlands	186,100,623	197,142,624	6%
Norway	65,450,834	68,441,095	9%*
South Africa	22,263,619	22,573,605	22%*
South Korea	1,989,631	3,814,805	92%
Spain/Portugal	22,274,635	23,663,783	6%
Sweden	178,951,375	231,668,646	29%
Switzerland	311,590,237	353,206,210	13%
UK	1,904,891,092	2,044,926,208	12%*
USA	53,116,711	309,131,263	501%*
Rest of world	47,487,290	49,657,508	5%
Grand Total	4,786,772,862	5,500,317,789	15%

* Growth rate is based on the percentage increase reported in the local currency, not the value converted into euros.

表1-6　国別フェアトレード商品の売上（出典：Fairtrade International ¦ Annual Report 2013-14）

分配慮していない状態にあります。ゆえに無視されているステイクホルダーの中から多くの社会的課題が噴出しています。たとえば、弱者がものを言えない環境などというところに問題が噴出しているのです。この問題をいかに解消していくかということが、本書の課題だということです。

　上記の指摘とは異なり、多様なステイクホルダーに配慮したユニークな経営スタイルをとる企業が多く見られるようになってきています。第2章ではその企業群を見ながら、特定のステイクホルダーに偏る問題を解消するためにはどのような経営スタイルが、あるいはどのような企業のあり方が必要なのかを考えていきましょう。

---

4. 島岡光一（2006）『経済をデザインする―いのちの育みと再生産』春風社

5. http://www.kyodoyukai.or.jp/rediscovery/rediscovery008

6. ビル・トッテン（2010）『アングロサクソン資本主義の正体』東洋経済新報社や佐伯啓思（2015）『さらば、資本主義』新潮社など

7. 藻谷浩介ほか（2013）『里山資本主義』角川書店

8. 原丈人（2007）『21世紀の国富論』平凡社

9. Mackey, J. and Sisodia, S. (2014), *Conscious Capitalism: Liberating the Heroic Spirit of Business*, Harvard Busi-ness School Press.

10. 桑田耕太郎・田尾雅夫著（1998）『組織論』有斐閣アルマ

11. Covey, S. (1990), *The 7 Habits of Highly Effective People*, Free Press（川西茂訳『7つの習慣』キングベアー出版、1996）

12. Roger, E. M. (1982), *Diffusion of innovation*, Free Press（青池慎一・宇野善康『イノベーションの普及学』産能大学出版部、1990）

13. 一橋大学イノベーション研究センター（2001）『イノベーション・マネジメント入門』日本経済新聞社

14. 谷本寛治他（2013）『ソーシャル・イノベーション』NTT出版

15. Schumpeter, J. H. (1942), *Capitalism, Socialism, and Democracy*, Routledge（中山伊知郎・東畑精一訳『資本主義・社会主義・民主主義』東洋経済新報社、1995）

16. 谷本寛治（2008）『新版企業社会のリコンストラクション』千倉書房

17. Chesbrou, H. (2003), *Open Innovation*, Harvard Business School Press（大前恵一郎訳『オープンイノベーション』産能大学出版部）

18. http://logmi.jp/62080?utm_source=antenna

19. Ashby, W. R. (1956), *An Introduction to Cybernetics*, Chapman & Hall.

20. Stark (2009), *The Sense of Dissonance: Accounts of Worth in Economic Life*, Princeton University Press（中野勉、中野真澄訳『多様性とイノベーション─価値体系のマネジメントと組織のネットワーク・ダイナミズム』日本経済新聞出版社、2011）.

21. 谷本寛治他（2013）『ソーシャル・イノベーションの創出と普及』NTT出版

22. 武石・青島・軽部（2012）『イノベーションの理由─資源動員の創造的正当化』有斐閣

23. 大湾秀雄（2010）「イノベーションを支える組織」『青山マネジメントレビュー』No.10

24. https://www.synqa.jp/

25. 谷本寛治（2015）『ソーシャル・ビジネス・ケース』中央経済社.

26. Goleman, D. (1995), *Emotional Intelligence*, Bloomsbury Publishing PLC（土屋京子訳『こころの知能指数』講談社、1996）

27. http://zasshi.news.yahoo.co.jp/article?a=20150503-00010002-shincho-life&p=1

28. Peters, Thomas J. and Robert H. Waterman (1982), *In search of excellence:Lessons from America's best-run companies*, Harper & Row（大前研一訳『エクセレントカンパニー』英治出版、2004）

29. Collins, J. C. and J. I. Porras (1994), *Built to Last: Succesful Habits of Visionary Companies*, Harper Collins（山岡洋一訳『ビジョナリーカンパニー』日経BP社、1995）

30. Handy, C. (1997), *The Hungry Spirit: Beyond Capitalism-A quest for Purpose in the Modern World*, Hutchinson（埴岡健一訳『もっといい会社、もっといい人生―新しい資本主義のかたち』河出書房新社、1998）

31. Kanter, R. M. (2011), *How Great Companies Think Differently*, Harverd Business Review, November.

32. Macky, J. and Sisodia, R. (2014), *Conscious Capitalism*, Harverd Business Press（野田稔監訳『世界で一番大切にしたい会社』翔泳社、2014）

33. ピーター・D・ピーダーセン（2014）『レジリエント・カンパニー：なぜあの企業は時代を超えて勝ち残ったのか』東洋経済新報社

34. 谷本寛治（2006）『CSR 企業と社会を考える』NTT 出版

35. 宮川公男（2002）『政策科学入門 第 2 版』東洋経済新報社

36. http://www.nikkei.com/article/DGXNZO60559110T01C13A0000000/?df=3

37. 真野毅（2015）「プログラム評価による自治体戦略の協働マネジメント―豊岡市における新しいガバナンス体制の試み」『日本評価研究』15 巻第 1 号、pp.69-81

38. 淡路富雄（2009）『自治体マーケティング戦略』学陽書房

39. Weisbrod, B. A. (1977), *The Voluntary Nonprofit Sector*, Lexinton Books.

40. http://public.dpj.or.jp/about/

41. http://www.kh-web.org/fin/

42. http://www.dhbr.net/articles/-/4308

43. Freedman, M. (1962), *Capitalism and Freedom*, University of Chicago Press（村井章子訳『資本主義と自由』日経 BP 社、2008）

44. Freeman, R. E. (1984), *Strategic Management: A Stakeholder Approach*, Cambridge University Press.

45. http://www.corporatewatch.org/

46. http://www.governmentspendingwatch.org/

47. ビル・トッテン（2010）『アングロサクソン資本主義の正体 ―「100%マネー」で日本経済は復活する』東洋経済新報社

48. 延岡健太郎（2011）『価値づくり経営の論理―日本製造業の生きる道』日本経済新聞出版社

49. http://news.mynavi.jp/news/2013/10/29/087/

50. たとえば、一般社団法人 re:terra の渡邊さやか氏は東京大学大学院修了・日本 IBM 出身、ハバタク株式会社の丑田俊輔氏は、慶應大学卒業・日本 IBM 出身、株式会社巡の環の阿部浩志氏は京都大学卒業・トヨタ出身、株式会社めぐるんの加藤丈晴氏は、筑波大学大学院修了・博報堂出身など。

51. 谷本寛治（2006）『CSR 企業と社会を考える』NTT 出版

52. http://andomitsunobu.net/?p=7541

53. Porter, M. and Kramer, M. R. (2011), *Creating Shared Value*, Harvard Business Review, JANUARY - FEBRUARY（「共通価値の戦略」、『DIAMOND ハーバード・ビジネス・レビュー 2011 年 6 月号』ダイヤモンド社）

54. Crane, A., Palazzo, G., Spence, L. J., and Dirk Matten (2014), *Contesting the Value of "Creating Shared Value"*, California Management Review, Vol.56, No.2, pp.130-153.

55. 野中・紺野（2007）『美徳の経営学』NTT 出版

56. インタビュー記事（聞き手名和 高司氏「世界一の企業を目指すなら CSV は当然である」（ダイヤモンド　ハーバードビジネスレビュー 2015 年 1 月号）

57. 坂本光司（2008）『日本でいちばん大切にしたい会社』あさ出版

58. http://business.nikkeibp.co.jp/atcl/interview/15/238739/113000093/?P=2&nextArw&rt=nocnt

59. Salamon, L .M. and Anheier. H. K. (1994), *The Emerging Non-profit Sector*（今田忠監訳『台頭する非営利セクター』ダイヤモンド社、1996）

60. 大室悦賀（2003）「事業型 NPO の存在意義：ソーシャル・イノベーションの主体として」社会・経済システム学会『社会経済システム』(24)、pp131-143

61. Weisbrod, B. A. (1977), *The Voluntary Nonprofit Sector*, Lexinton Books.

62. Tiebout, C. M. (1956), *A Pure Theory of Local Expenditure*, Journal of Political Economy, vol. 64.

63. Hansmann, H. B. (1980), *Role of Nonprofit enterprise*, The Yale Law Journal 89.

64. たとえば、http://www.city.miyazaki.miyazaki.jp/life/activities/civic_action/307.html

65. バーナード・サイモン（1968）『経営者の役割』ダイヤモンド社

66. Salamon, Lester M., *Partners in Public Service: The Scope and Theory of Government-Nonprofit Relations*, Powell, Walter W. (ed.), The Nonprofit Sector:A Research Handbook, pp.111-113（田中弥生『「NPO」幻想と現実―それは本当に人々を幸福にしているのだろうか？』同文館、1999、pp.44-49）

67. 下野由貴（2009）「尾道帆布の経営学―市場、政府の補完機能としてのNPO―」尾道大学経済情報学部『経済情報論集』Vol.9, No.2, pp.253-266

68. 山本英弘（2010）「自治会による政治参加」辻中・ペッカネン・山本『現代日本の自治会・町内会』木鐸社、pp.163-188

69. 下野由貴（2009）「尾道帆布の経営学―市場、政府の補完機能としてのNPO―」尾道大学経済情報学部『経済情報論集』Vol.9, No.2, pp.253-266

70. 谷本寛治（2006）『ソーシャル・エンタープライズ』中央経済社および大室悦賀（2013）『ソーシャル・エンタープライズ』中央経済社

71. 大室他（2011）『ソーシャル・ビジネス：地域の課題をビジネスで解決する』中央経済社

72. 谷本寛治（2015）『ソーシャル・イノベーション・ケース』中央経済社

73. 谷本寛治他（2013）『ソーシャル・イノベーションの創出と普及』NTT出版

74. 大室悦賀（2012）「ビジネスを利用した社会的課題の解決におけるステイクホルダーの参加動機と行動変容―NPO法人北海道グリーンファンドを事例とした―」京都産業大学論集社会科学系第29号、pp215-240

75. Ohmuro, N. (2016), *Entrepreneurship and Sustainable Innovation*（企業と社会フォーラム編『企業と社会フォーラム学会誌』）

76. Bielenstein, T. (2016), *Social Business Model: A Comparative Case Study of the German Beverage Market*, Japan Forum of Business and Society Annals, No.5

CHAPTER

02

事例

本章では前章までの問題意識を踏まえて、まず企業と社会にかかわる動向を確認した後、マルチステイクホルダーのコンフリクトの最小化とイノベーションを両立している企業事例を概観していきます。ここでは、企業社会システムと関係性を意識しながら読み解いていきましょう。

01
企業の動向

事例の分析に入る前に、企業と社会の関係の変化を具体的な事例をもとにⅰ）中小企業、ⅱ）大企業から説明しておきます。

1　中小企業

中小企業の経営スタイルは多様化し、社会との関係性を意識した経営スタイルが台頭してきています。ここでは、図2-1のように3つの視点からその動向をみていきましょう。第1に、中小企業がソーシャル・ビジネスの領域に部分的にかかわってきます。たとえば、株式会社高田自動車学校（岩手県陸前高田市：グリーンツーリズム融合型の自動車学校）、株式会社ヤラカス館（大阪府大阪市：ソーシャル・プロダクト[77]販売サイトの運営）、株式会社サラヤ（大阪府大阪市：ウガンダに Saraya East Africa を設立。ウガンダの医療現場の感染予防に貢献するアルコール手指消毒剤の BOP ビジネスの展開）などがあります。

第2に、マルチステイクホルダー指向の経営スタイルに変化していきます。たとえば、事例で紹介する IKEUCHI ORGANIC 株式会社（愛媛県今治市：100％オーガニックコットン）、兵左衛門株式会社（福井県小浜市：箸文化の普及）、加えて日本理化学工業（神奈川県川崎市：障害者が全社員の78％を占める企業）は、どちらかというと社会課題の解決だけではなく、マルチステイクホルダーに配慮した経営をするように切り替わってきました。ソーシャル・ビジネスからもっとマルチステイクホルダー指向に変化しています。

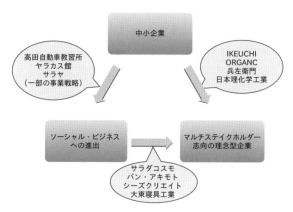

図 2-1　中小企業の動向

　第３に、ソーシャル・ビジネスに参入し、さらにマルチステイクホルダー指向に変化していきます。たとえば事例で紹介するサラダコスモ株式会社（岐阜県中津川市：ちこり村の運営）や株式会社パン・アキモト（栃木県那須塩原市：救缶鳥プロジェクトなど）、株式会社シーズクリエイト（大阪府八尾市：八尾市や奈良市の地域活性化）、大東寝具工業株式会社（京都府京都市：眠りの蔵）などソーシャル・ビジネスに参入し、そこからマルチステイクホルダー志向に転換していった企業も存在しています。

　中小企業の多くは、純粋にプロフィットを追いかけている企業です。しかし、わずかでありますが、ソーシャル・ビジネスの領域に入ってきている企業、もっとマルチステイクホルダーに配慮した経営スタイルを取っている企業も台頭してきています。現在の中小企業の経営スタイルは多様化してきています。

2　大企業

　大企業は、CSRの要求が高まり、中小企業よりも社会との関係を深めています。ここでは、4つの視点から大企業の動向を見ておきましょう。第1には大企業の社内でソーシャル・アントレプレナーの育成を支援し始めています。具体的には株式会社リコー（東京都中央区）、ソフトバンクモバイル株式会社（東京都港区）、株式会社リクルートホールディングス（東京都千代田区）などです。たとえばソフトバンクでは「社会に貢献するビジネスアイデアコンテスト」をおこない、すでに事業化されています。第2には、ソーシャル・ビジネスへの参入です。それは、グラミンバンクと一緒にやっているファーストリテイリングのグラミン・ユニクロ（UNIQLO Social Business Bangladesh Ltd）や雪国まいたけ株式会社（新潟県南魚沼市）の Grameen Yukiguni Maitake Ltd.（現在は株式会社ユーグレナに譲渡）です。その他にもヤマハ株式会社（静岡県浜松市）、味の素株式会社（東京都中央区）などが参入しています。第3には、社会とイノベーションの関係を担当する部署の設置です。それは、株式会社ベネッセコーポレーション（岡山県岡山市）はグローバル・ソーシャル・イノベーション部を、ソニー株式会社（東京都港区）もCSR部イノベーション課、ファーストリテイリングはソーシャル・イノベーション・チームを持っています。組織としても、社会的な領域を意識し始めてきました。第4にはCSVの導入です。それは、キリンビール、伊藤園、ヤクルト、ネスレ、ヤマト運輸が取り入れ始めています。

　中小企業も大企業も社会的な領域に深くかかわり始めています。次節から具体的な事例をみていきましょう。これまで全国で400社以上を調査した中で特に学びの多かった企業を紹介していきます。まだまだ紹介したい企業がたくさんあるのですが、本書では10の事例を紹介します。

02
IKEUCHI ORGANIC [78,79]

組織名	IKEUCHI ORGANIC 株式会社
設立	1969年2月
所在地	愛媛県今治市
代表取締役	池内計司
資本金	7,000万円
売上高	5億円（2014年2月第49期決算）
従業員数	40名
事業内容	オーガニックテキスタイルの企画・製造・販売
経営理念	1. 最大限の安全と最小限の環境負荷 2. すべての人を感じ、感じながらつくる 3. エコロジーを考えた精密さ

表 2-1　組織概要

1　経営スタイル

　本事例は、最大限の安心と最小限の環境負荷をテーマにした理念型の経営スタイルをとります。しかも池内氏は、一般の企業であり、環境等に配慮することは当たり前だと考え、自分達のことをソーシャル・エンタープライズと呼ばれることを嫌います。池内氏は「別に環境問題を解決しようと思ってやっているわけではない。僕らの世代は環境問題に直面してきて、それを出さないほうがいいと思うから、こういう経営スタイルを取っている」と述べています。
　つまり、社会的課題を解決するためにビジネスをやっているわけではな

く、理念に基づいてビジネスをしているのです。ただし、公害問題がクローズアップされた時代に育ったひとりの人間として、社会的課題を生まないという視点があるだけです。

　この事例は理念型経営を遂行していますが、ソーシャル・エンタープライズではありません。池内氏へのインタビューを重ねる中で、ソーシャル・エンタープライズが社会的課題基本主義のような経営スタイルにみえてきました。つまり両スタイルはステイクホルダーとの関係性から単に特定のステイクホルダーに配慮した経営スタイルという共通点をもち、経済的価値を追求するのか、社会的価値を追求するのか、という違いがあるだけだと気がつかせていただきました。つまり両者は特定のステイクホルダーに配慮する同様の構造をもった経営スタイルだということに気づき始めたのです。

　ただし、同社も最初からこのような理念型の経営スタイルをとっていたわけではなく、池内氏の考え方と様々なステイクホルダーとの対話によってつむがれ変化してきました。それが、以下で説明する環境に徹底して配慮した経営スタイルです。

1. 環境に配慮した製造設備

　1つ目のポイントは、自然エネルギー100％の工場です。もともとエコマークをつけていた時代から、地球環境に非常に高い関心があり、2000年にISO9001を取得して、環境と品質の融合に取り組んでいます。最初の頃は環境配慮が競争戦略になると考えたところからスタートしています。環境配慮と言っても、工場が非常に環境に優しい排水処理をしていたため、そういう意味で環境に優しい商品をIKTというブランドで販売をはじめます。このIKTがこのあとの展開に大きく影響していきます。

　当初のIKTは、ISO9001、排水処理が非常に環境に優しいという視点で、環境配慮型商品として売りだします。そのために、IKEUCHI ORGANIC（旧

池内タオル時代）は、エコプロダクツ展（毎年 12 月に東京ビッグサイトで開催されている環境配慮型製品・サービスに関する一般向け展示会のこと）に毎年出展しました。そこで IKT は、来場者からの批判に晒されていきます。たとえば「汚い電力を使っておいて、何が環境にやさしいのだ」という批判を受けます。その理由は原子力発電の電気を使ってタオルを織っていながら、何が環境にやさしい商品なのか」と、どちらかというと環境を絶対視する人たちから批判を受けます。池内氏のすごいところは、ここで汚い原子力発電から風力発電に切り変え、100％自然エネルギーによって製造を始めたことです。環境という理念を提示した後に、ステイクホルダーとの価値衝突が起き、それをくみ取って製造工程を見直していきます。これが「風で織るタオル」につながっていきます。

2. 風で織るタオル

自然エネルギーの導入が「風で織るタオル」というネーミングを生んでいきます。そのきっかけは、小泉首相（当時）が池内タオルのことを所信表明演説で取り上げ、それを受けてテレビが IKT を取り上げたことです。その後、お客さんの方から百貨店で「風で織るタオルはありませんか」と探し始めたところから、その名前が付いていきます。お客さんがつけたネーミングです。

池内タオルは、その後「最大限の安全と、最小限の環境負荷」を基本理念に、社名を IKEUCHI ORGANIC に変更しました。この理念が、母親が自分の命より大切にする赤ちゃんに、安全なタオルを届けたいというコンセプトを生み、100％オーガニックコットンのテキスタイルメーカーに変貌します。

この「風で織るタオル」の特徴は、これまでの業界の習慣とは真逆の作り方、売り方をしています。それは、現金取引、デザインを変えない、などです。これが、現在の企業理念をさらに強固なものにしていきました。

3. コットンヌーボー[80]

　2011年からは100％オーガニックコットンを活かすために「コットンヌーボー」というプロジェクトを展開しています。本当のオーガニックコットンとは、より自然（ありのまま）に近いこと、つまりコットンは工業製品ではなく植物だということです。ゆえに毎年、その品質が均一であるはずがありません。違いがあってこそ、本当のオーガニックです。今までデメリットと考えられてきた繊細すぎる品質を個性と考え、毎年、ワインのようにコットンの違いを楽しもう。そんな新しいオーガニックコットンの愉しみ方を提案しています。

　このプロジェクトは、もう1つユニークな取り組みをしています。それは、IKEUCHI ORGANIC がオーガニックコットンを買うために立ち上げた資金調達ファンド「風で織るタオルファンド」（ミュージックセキュリティーズ株式会社運営）です。これは毎年多くの投資家の方たちに支えられ成り立っています。たくさんの人を巻き込みながらこの世に生を受けた COTTON NOUVEAU がもたらしたのは、オーガニックなストーリーを共有していく楽しさでもあったのです。心から欲しいと思ったものをつくり出す当事者になるクリエイティブな感覚を呼び起こしてくれた、COTTON NOUVEAU 誕生の物語です。このようにコットンヌーボーに多くのステイクホルダーが自らの意思でかかわれるチャンスを提供しました。このような関係性がもたらした成功事例です。

　ここでの学びは、投資という手法が参加のツールになっていること、そこにはストーリーを当事者として共有する喜びがあったという関係性です。単に機能を前面に出して製品をつくるのではなく、ステイクホルダーと一緒につくれる可能性を示した点です。

2　学びのポイント

　学びのポイントは、ⅰ）企業の憲法、ⅱ）ステイクホルダーとの相互関係を大切にすること、ⅲ）ブランドが人格をもつ、ⅳ）メインストリームの企業への影響の4つです。

1.　企業の憲法

　第1のポイントが経営理念と企業の憲法です。環境経営という理念を掲げ、その後ステイクホルダーと価値衝突を繰り返しながら、それを受け入れて、ブラッシュアップ、あるいは進化させていきます。それが、図2-2のようにスパイラル状に構築された「企業の憲法」であり、これがイノベーションの源泉になっています。

　ステイクホルダーとの価値衝突は、先に説明した汚い電力から自然エネルギーにつながっていったように、ステイクホルダーの考え方を経営理念にとり入れる機会となります。池内氏はステイクホルダーからの意見をきちんと飲み込んでいき、その結果の理念を「企業の憲法」と呼んでいます。憲法は民主主義の最高法規ですから、色々な人の意見を聞きながら作った企業の最高の法律が、「最大限の安全と、最小限の環境負荷」という経営理念です。

　これを図示すると、経営理念の周りでスパイラル状に色々な人と議論をして、価値衝突をしながら作られた概念です。マルチステイクホルダーになればなるほど、ここに様々な意見が出てくるので、結果としてこのような揺るぎない企業の憲法になっていきます。これがすべての意思決定の基準になっており、「IKEUCHIらしさ」が、この企業の憲法から出てきます。この点が池内氏の人格と法人格を分けるポイントになっていきます。

　したがって絶対、何があっても曲げてはいけない。そういう理念型の経営スタイルを持つ企業です。同時にこの企業の憲法は、ロイヤル・カスタ

図 2-2　民主主義をベースとした経営理念の確立

マーを創出する仕組みともなっています。多くのステイクホルダーが様々な批判をする中で、その批判を肯定的に捉え、改善していったことによって、当初批判していた人もロイヤル・カスタマーに変化していきました。

　一方で、このような企業の憲法を確立できた背景には、ぶれないステイクホルダーの存在もあったと述べています。自分がぶれそうになったとき、そのようなステイクホルダーの存在が踏み留まらせていました。そして企業の憲法の成立には、何よりステイクホルダーとの対話が経営の基本だと述べ、そのスタンスを堅持している結果なのです。

　一方で、この企業の憲法とそれがつくられたプロセスが、コットンヌーボーという新たなイノベーションを生んでいきます。最小限の環境負荷と「デザインは変えない」というコンセプトが、毎年異なるコットンの質に着目させ、そこを起点にワインのようにその違いを愉しむという発想を付け加えていったのです。

2.　ステイクホルダーとの相互関係を大切にすること

　第2のポイントは、「企業の憲法」の項でも説明したように、ステイク

ホルダーの意見を聞くということです。池内氏のメールアドレスはホームページ上に公開されていて、誰でも池内氏に意見が言えるようになっています。実は13年前に倒産して、民事再生をして再建されますが、それを救ったのもIKEUCHIファンでした。銀行に対して多くの人が「私がいくら買えば池内タオルは救われますか」といった声を届けました。金融機関の頭取は「池内タオルはどうでもいいが、うちのお客さんがいなくなっては困るので、池内タオルを助ける」と述べ、民事再生計画を承認しました。このブランドを持っていたことで、結果として倒産を免れ、今日があります。ブランドというより、そういう理念やストーリーを共有できる関係性が、IKEUCHI ORGANICをここまで育てることになっています。

3. ブランドが人格をもつ

　第3のポイントは、「ブランドが人格を保持し、必要な人材などの資源をあたかも集めてくるように振る舞う」ということです。法人は法人格という別人格をもつと法的に言われますが、まさにブランド、プロジェクトや企業は、トップとは別のよい人格を持つことが大切です。「よい人格を持つ」とはどういうことかというと、組織外の人々が法人の人格の多様な解釈と、その事業への参加ができるということです。多様な解釈は、ステイクホルダーにとって自分の志向や価値を満足させる多様な可能性や魅力を感じられるブランド、企業であるということです。

　たとえば、オーガニックコットンの世界的な権威であるノルガード氏、ニューヨークの展示会へ出展を促してくれたカリフォルニアのバイヤーなど、その時々で必要な人々を連れてくると池内氏は述べておられます。京都店においても当初出店の予定がなかったにもかかわらず、京都のとある人がたまたま本社に遊びに来たところからとんとん拍子で出店が決まりました。このように良い法人格が資源を集める装置となります。このように人格を持つと、そこに必要な資源が勝手に集まり始めるので、そういうも

のをいかに作るか、集めるより「集まってくる」仕掛けをどう作るかという関係性がポイントとなっています。「意図しない出会いは意思によって生まれる」という、禅問答のような言葉に集約されています。しかしながら、ここで忘れてはいけないのは、このポイントは池内氏の何でも受け入れるという多様性のある人格にあることです。

4. メインストリームの企業への影響

第4のポイントは「僕はソーシャル・アントレプレナーでもないし、ソーシャル・エンタープライズでもない。ただの普通の企業だよ」と池内氏から言われたことです。その当時著者は、ソーシャル・エンタープライズやソーシャル・アントレプレナーが社会を救うと思っていた時期で、「いや普通の企業だよ」と言われたことが重くのしかかっています。それが、先に示した株主基本主義とソーシャル・アントレプレナーは単に両極にある経営スタイルだということを理解するきっかけとなりました。そしてここから、一般ビジネスの社会化という発想を得ます。それが、2011年からスタートした京都市のソーシャル・ビジネス支援の目的に「企業の社会化」を掲げることにつながってきます。普通の企業が社会に負荷をかけず、さらに社会課題を解決する経営をしていくほうが大事なのではないかというメッセージでした。メインストリームの企業が社会とかかわることがとても大事なのではないか、そうしないと社会が変わらないのではないか、という問いかけを池内氏にされたと考え始めました。そこを起点に本書のような考え方を練っていきました。

03
兵左衛門 [81・82]

組織名	株式会社 兵左衛門
設立	1970年1月（1920年創業）
所在地	福井県小浜市
代表取締役	浦谷剛人
資本金	6,000万円
売上高	10億円（2016年8月第48期決算）
従業員数	90名
事業内容	■漆箸および漆工芸品の製造販売 ■食器類並びにキッチン用雑貨品の企画、製造及び販売 ■文具の製造、加工及び販売
経営理念	本物の箸を通して日本の文化を伝える

表 2-2　組織概要

1　経営スタイル

　兵左衛門の理念は、本物の箸を通して日本の文化を伝えたいというものです。もともと箸とは道具ではありませんが、資本主義の浸透によって道具化していきました。それは、合理化したり、効率化するほど、売ることを考え、価格や機能ばかりに焦点が当たり、道具化して「モノ」になります。それに対して兵左衛門は、もともと箸は文化であり、ぽいぽい捨てられるものではいけないという発想がありました。

　そんな中で衝撃的なことを目の当たりにします。それは「有害な物質を含む塗料が剥がれる箸を兵左衛門は売っているのか」という苦情を受けた

ことから始まりました。実は他社がつくった箸を白い紙に擦りつけると、どの箸からも塗り色に応じた色の線が描かれていきました。検査の結果、色素から、基準以下ではあったものの、体に有害な物質が微量に検出されました。問題のあった箸は、兵左衛門の製品ではなかったものの、兵左衛門の名前で扱う商品から有害物質が検出されたのは、大きなショックでした。事業を通して社会に貢献していると思っていたのが、全く逆のことが起こっていたのです。

この出来事以降、現会長の浦谷兵剛氏は、これまでも安心・安全にこだわった箸作りに努めていましたが、さらに「箸は食べ物である」というコンセプトのもと、人体に有害な合成化学塗料を一切含まない漆（ヴァージン漆）を使用することを徹底し、そこから安全・安心で、環境に優しい箸、しかも物ではなく文化を伝える箸という発想に至ります。現在ではその考え方を起点に深く社会とかかわるようになりました。

1. かっとばし!!の誕生

この発想が次のステップを生みだします。それが写真の「かっとばし!!」です。これは、野球の折れたバットを箸に加工し、さらにプロ野球のチームのロゴを入れて売っている商品です。これは年間20万本とも言われる折れたバットの廃棄量の減少のみならず、売上の一部をアオダモという野球のバットの原料になる木を育成するNPO法人アオダモ資源育成の会（東京都渋谷区）に寄付する社会貢献にもなっています。このアオダモ育成とロゴの入った「かっとばし!!」は、多くのメディア（確認できた数で100件を超える）が取り上げて評判になり、全国の百貨店から兵左衛門への取引依頼が入ってきます。当時の売上金は7億円だったのが、今は11億円ぐらいと、1.6倍になっています。

このように社会貢献が経済価値を生んでいきました。それは、「かっとばし!!」という商品を使ったアオダモ育成のNPOを支援するというストー

リーを、多くのメディアが理解・注目し、結果として売り上げが拡大しました。このように兵左衛門では、社会貢献活動が売り上げに直結しました。

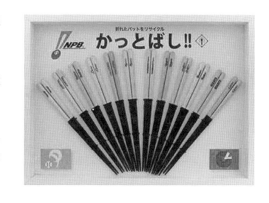

売上の拡大には、知名度の向上はもちろん、この活動が箸製造の技術力を証明したことも起因しています。折れたバットはグリップから折れたり、真ん中から折れたりと、色々な折れ方をしますが、その中から箸を作ろうとすると、危険な作業が求められるために、非常に高い技術が必要になります。それを凝縮させたのが「かっとばし!!」でした。

2. お箸知育教室

この商品は、「お箸知育教室」という社会貢献活動から生まれています。兵左衛門は箸を文化として捉えることで、お箸の使い方や文化を伝えるお箸知育教室を1998年に始めています。お箸を使うということは、手を器用に動かすことにつながり、脳の発達にも大きな影響を与えると言われています。幼少の頃に正しい箸使いを身につけることは、脳と手の発達、さらにしつけという面でも大変重要なことです。その教室では、自分で箸をつくるプログラムを実施しています。その中で、もともと社長が若狭高校で野球をやっていた関係から、野球のバットを使えないかと思考を巡らせた結果、「かっとばし!!」が誕生しました。現在「お箸知育教室」は延べ全国2374ヶ所で開催し、約12万人が参加しました。兵左衛門はこの教室を運営するために毎年年間約1億円の経費を投入しています。

3. 箸文化の普及

　さらに 2007 年には、東アジア箸文化圏の国々との、箸の学術的研究と文化普及、国際交流・友好を目的として「国際箸文化研究所」を立ち上げました。2009 年には NPO 法人国際箸文化協会に改組しています。それに加え、2008 年には正しく美しい箸づかいと、箸とともにある日本のよき"こころ"を次世代につなげ、すべての人が健全な生活を送れるようになることを目的として「日本箸文化協会」を立ち上げています。このように、浦谷氏はあくまでも文化として箸を捉えており、文化を広めたい、再構築したいというところから事業が展開されていきます。このことを端的に表現された言葉が「経済は文化の下辺にあり」です。

2　学びのポイント

　学びのポイントは、ⅰ）ぶれない信念と理念を貫き、誇りを持てる企業、ⅱ）社会的課題をつむぐことがイノベーションの創出につながる、ⅲ）モノではなく関係性という 3 つです。

1. ぶれない信念と誇りを持てる企業

　徹底した安心・安全と本物にこだわった箸造りをおこなったため、製造コストが高くなり、一定の価格設定が必要となりました。他社製品には、価格面で勝てませんでした。しかし、価格を下げるためには、安心・安全をある程度犠牲にせざるを得なかったため、価格競争を断念していきます。浦谷氏は、ここで大きな決断をすることになります。今までの売場から、百貨店での販売に移行し、商品説明を丁寧におこない、価格以外の価値観でお客さまに評価・判断していただくことにしました。　当初は、百貨店で

も高価格帯の兵左衛門の箸を取り扱うことに難色を示す向きもありましたが、「かっとばし‼」の効果もあり、徐々に箸が売れ始め、やがて百貨店でも積極的に置いてもらえるようになりました。一方で、理念と合わない売り場しか提供されない百貨店には出店しないという決断もおこなっています。

結果として、販売チャンネルを完全に百貨店にシフトしたことで、低価格の呪縛から解き放たれ、商品にさらに付加価値を付けていくことができました。このように理念をベースに従来の競争とは異なった戦略を生んでいることと、理念に合わなければ、どんなに売り上げが望めても出店はしない、そして価格以上の付加価値をつければ高価格帯でも商品は売れるという考え方の重要性を学びました。

兵左衛門の社員は、自宅でも自社の箸を使い、外でも自社の箸を使います。それほど、自社の箸に誇りをもっているのです。徹底したこだわりの箸と、箸を通した社会貢献は、社員達に自社への誇りと愛社精神を育んでいるといいます。本物の箸作りと箸知育活動を通して箸の文化、日本の文化を伝えることに、社員全員が誇りをもっています。本業の仕事を通して社会に貢献している意識は、社員のモチベーションを高め、さらに新たな付加価値の高い製品を生み出すもとになっています。この点も兵左衛門から学んだ部分です。

2. 社会的課題をつむぐことがイノベーションの創出につながる

もっとも重要な指摘は、社会の中に様々な問題があり、その点をうまく結び付けるのが経営者の役割という点です。簡単に言うと、ビジネスというものは社会に目を向けることでしか生まれません。松下電器（現パナソニック）、味の素などの企業は、社会的課題をビジネス化し成功を収めています。現在においても、この点を忘れてはならないということで、言い換えると社会的課題の解決がビジネスチャンスをあぶりだす可能性をもっ

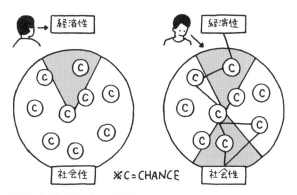

図 2-3　社会とイノベーションの関係

ているということです。

　当然、持続的なビジネスを考えればイノベーションの創発を念頭に置かなければなりません。その最も近道が社会に目を向けるという視点です。本書でも述べているように、社会との関係が企業の持続性を担保する大きな要因になるということに多くの経営者が気付き始めています。

　ここまで述べきたことを図示すると図 2-3 のようになります。経済とは効率性を求めれば求めるほど、事業範囲を小さく絞り、セグメントすることで効率化し、経済的価値を高めていきます。しかし経済性ばかりを追求すると、図 2-3 左側のアミ掛け部分のように視野が狭くなり、ビジネスチャンス（図中の C）を排除することを表しています。

　しかし経済の位置から下部の社会性まで視野を広げて見ると、その中間には色々な社会の中で起こっている問題が発見できます。それがイノベーションの源泉で、それをつないでいくのが経営者の役割だと浦谷氏は述べています。結果として社会を見る範囲を広げると同時にビジネスチャンスが見えます。それが経営の原則で、イノベーションの源泉だと指摘しています。これは、俯瞰することの重要性を表している事例でもあります。

3. 関係性

　本書の中心的なトピックスとなっている「関係性」には、この事例で最初に気づきました。「箸は食べる機能をもったモノではなく、文化そのもの」という発想が、イノベーションや経営スタイルに大きく影響しています。機能のみに焦点を当てていれば、企業がおかれている状況で説明したように価格競争になってしまい、コストを削減するしかありません。しかし、箸を文化として捉えなおすことで、異なった価値や意味（脳の発達、日本の文化を学ぶツール）を提示し、そこから新たなイノベーションの創発や存在理由を発見していきました。

　それは、モノをとりまく社会との関係性に焦点を当てていることなのだと知った時、企業の社会化とは社会との関係性を再定義することだと認識できました。このように、単にモノではなく、モノを取り巻く関係性に焦点を当てることが重要だと気づいた事例です。

　そして、本事例においても、「企業も、箸も人なり」として、人という関係性に焦点を当てた経営をしています。

04
サラダコスモ [83・84]

組織名	株式会社 サラダコスモ
設立	1980 年 8 月
所在地	岐阜県中津川市
代表取締役	中田智洋
資本金	9,000 万円
売上高	98 億円（2016 年 5 月）
従業員数	450 名
事業内容	野菜づくり ちこり焼酎製造および販売 教育型観光生産施設「ちこり村」の運営
経営理念	母が子を思う気持ち（安全プラス健康・薬効）

表 2-3　組織概要

1　経営スタイル

　サラダコスモの野菜（とくにスプラウト）づくりは、無添加・無農薬にこだわっています。きっかけは社長の家業（ラムネ生産）のオフシーズンにおこなわれていたもやし栽培ですが、当時のそれはいたみを防ぐために防腐剤、色を白くするために漂白剤、と薬漬けが主流でした。やはり健康にいいものを作りたい、その一心で、種から良質なものを栽培。無農薬を徹底した栽培方法を開発し、取り組みました。その根底には、中田氏が大学時代の宗教学で学んだ「母が子を思う気持ち」。これが生産姿勢の原点です。そこには「たとえ製品シェアが業界の 1 ％でも、他の 99％に影響を

与えられればいい」という考え方です。社会に対するインパクトを重視する経営スタイルがサラダコスモの特徴です。

そして、中田氏は「社会に貢献できない企業は存続できない」という思いで経営に当たります。その根底には江戸末期の儒学者の佐藤一斎の哲学があります。中田氏が常に気に留めている思想、人生観に「長所に三重マル」があります。これは企業、家族、友人、地域のつながりの中で、人間関係の大切さを学び、短所よりも長所を生かす経営という視点です。そして、中田氏は「経営や商品政策を考える上で大切なのは人生観です。それが長所に三重マルです」[85]と述べています。

1. 株式会社ギアリンクスの創設

スプラウト事業は2000年、中田氏が友人、市民からの出資でギアリンクス（岐阜県美濃加茂市）を設立したことで大きく変化しました。ギアリンクスは、岐阜県の食糧危機（当時自給率36％）の解決を目的に設立されました。大豆の生産地で不作が起こり、日本への輸出が激減しても、ギアリンクスは大豆5000トンを供給する協定を岐阜県と交わしています。南米で生産された大豆をフェアトレード（公正な取引）することで、南米の日系移民の支援にもつなげています。

同社は458名の出資者による市民出資型で設立されていますが、そのプロセスで、中田氏は多くの岐阜県民と対話しました。その結果として、サラダコスモの「企業は社会に貢献してこそ存在理由がある」という考え方を確立しました。

2. ちこり村の誕生

サラダコスモは、ギアリンクスの設立をきっかけに、岐阜県内にも多くの社会的課題があることに着目し始めました。それが教育観光型生産施設

「ちこり村」の開業につながりました。具体的な事業は、①休耕地を利用した日本初のチコリ生産、②チコリの生産・加工過程で高齢者を雇用、③地域農家の支援につながる「バーバーズ・ダイニング」の運営、④地元企業や南米日系農家の商品の販売です。事業のポイントは、通常のビジネスプロセスに社会的課題の解決を組み込んでいること、複合的な社会的課題に取り組んでいることです。

　ちこり村は年間30万人が来場する施設となり、サラダコスモの売上高はギアリンクスを立ち上げる前の倍近くに増加しました。「理念型経営」を遂行することで、多様なステイクホルダーが参集し、地域にとって不可欠な存在になりました。

　従来のビジネスは効率性を考え、事業分野をセグメント化し、ターゲティングするのがセオリーですが、ソーシャル・イノベーションは複合的な課題を扱うことで事業全体を俯瞰させ、結果的に相乗効果が発揮しやすい状況をつくり出します。当初の解決ポイントは日系移民支援と食糧危機でしたが、地域に目を向けることで、元気な高齢者が多いこと、休耕地の増加、地域の企業が苦しんでいる様子が見えました。これらを解決するため、サラダコスモは、高齢者雇用においては加藤製作所（中津川市）、6次産業化においては伊賀の里モクモクファーム（三重県伊賀市）、農村観光事業においては馬路村農業協同組合（高知県馬路村）と組みました。ノウハウの移転は競争相手を創出するため、障害も多いのですが、地域社会に貢献しようすることが、コラボレーションを促進させました。結果としてオープン・イノベーションを創出することにつながったのです。

2　学びのポイント

　学びのポイントは、ⅰ）経営者や従業員は変化できる、ⅱ）地域や文化をビジネスに取り込む視点、ⅲ）複合的な社会的課題の解決、ⅳ）経営者

として当たり前のことをしている、の4つです。

1. 経営者や従業員は変化できる

　中田氏は、最初から環境に配慮した経営を取り入れていましたが、現在のような経営スタイルはギアリンクスを設立したころから変化してきました[86]。社会貢献や、岐阜や中津川などの地域、高齢者などの多様なステイクホルダーに焦点が当たっていったのです。

　企業家は、社会に目を向けることや人生観を前面に出すことにより、変化できます。当初は安全・安心への配慮のみでしたが、現在は「社会に貢献できない企業は存在できない」と意識が変化しています。それは、初めて社会に目を向けることで本当の幸福感というものが得られたからです。社会に役立っている感覚を、身をもって経験したからこその変化です。それは中田氏のみならず社員にも浸透し、社員もとても素敵な笑顔をしています。そこには、自分の会社が地域や社会のために貢献していると周りの人から言われると、それが自分の生きがいに変わっていくのだということです。つまり「働き方と生き方」が重なり合ったからこのような変化が起きています。先に紹介したシーズクリエイトでも、理念型に変化させオープンな組織にしたことで、同様の変化が起きています。

　従来の株主基本主義では、利潤を最大化するための企業のシステムが確立され、個人の思考構造が入り込む隙がありませんでした。しかし理念型の企業は、システム以前に思考構造を保持していますので、個人の思考構造が入り込む隙ができます。それが企業と個人の思考構造の共有を可能にし、社員のインセンティブを向上させました。

2. 地域や文化をビジネスに取り込む視点

　もう1つのポイントは地域やそこの文化を重視している点です。先ほど

の兵左衛門もそうですが、関係性の視点から「文化」がビジネスにとっても１つの重要なキーワードになっています。文化は、哲学同様主観的で曖昧な概念で「解釈」の入り込む隙を提供し、新たな視点をビジネスに持ち込むことが可能となります。つまり、他社がかかわれる開かれた状態に企業を変化させることができます。

加えて、単に６次産業化しても過当競争するだけでうまくいかないということを中田氏は述べています。そこにはちゃんとストーリーがあったり、文化という視点が必要になってきます。単純に農産物を６次産業化しても、体力勝負の競争になってしまうので、そうではなく、地域ならではのストーリーや文化、歴史観などの関係性を盛り込まないと、６次産業化してもうまくいかないということです。

ちこり村内の佐藤一斎語録

3. 複合的な社会的課題の解決

第３のポイントは、１つの機能ではうまくいかないということです。たとえば環境問題や高齢化などの社会的課題は、それぞれ人によって興味のある分野が異なり、焦点を当てている事業によって集まってくる人が違っています。つまり、単一の社会的課題であれば、多様なマインドセットや思考構造をもった人を集められず、ビジネス・イノベーションの源泉になりにくいということです。しかし、環境とか耕作放棄地やフェアトレードのように対象とする社会的課題が複数になると、多様な人々が企業に興味を持ち始め、イノベーションを起こせる環境を自動的につくれるということです。加えて、複数の問題を扱うことで、知らずに俯瞰力が養われます。

ゆえに社会課題を解決するビジネススタイルは、「単一の社会課題を解

決するよりも、複数の社会課題を解決しにいくほうが様々なステイクホルダーが集まりやすい」と結論づけられます。

4. 経営者として当たり前のことをしている

　第4には、これまでの事例とも重なる視点ですが、中田氏は自分のことをソーシャル・アントレプレナーとは呼ばず、経営者として当たり前のことをしていると述べられます。ソーシャル・アントレプレナーは大事ですが、もっと重要なことは普通の企業が社会と密接にかかわること、つまり関係性の問題です。

　中田氏は、普通の企業が当たり前に社会的課題とかかわることが大切であり、そのようにならないと社会的課題は解決できないと示唆しています。

05
Patagonia[87]

組織名	Patagonia, Inc.
設立	1973年
所在地	米国カリフォルニア州ベンチュラ
最高経営責任者	Rose Marcario（創業者：Yvon, Chouinard）
資本金	非公開
売上高	非公開
従業員数	2100名
事業内容	アウトドアアパレルの製造販売
経営理念	最高の製品を作り、環境に与える不必要な悪影響を最小限に抑える。そして、ビジネスを手段として環境危機に警鐘を鳴らし、解決に向けて実行する。

表2-4　組織概要

1　経営スタイル

　パタゴニアのミッションステートメントは、ⅰ）最高の製品をつくり、ⅱ）環境に与える不必要な悪影響を最小限に抑え、ⅲ）ビジネスを手段として環境危機に警鐘を鳴らし、ⅳ）解決に向けて実行することです。これを解釈すると「最高の製品をつくる」の意味が、ⅱ）以下の3つの要素です。ここのポイントは、「最高の製品をつくる」という点で、それ以降の環境問題の抑制、警鐘、解決のすべてを含む商品の品質やサプライチェーンを通してミッションステートメントを実現しようとする点です。それはビジネスのルールの上で環境問題を解決する「社会的経済的コードのマイ

ナー利用」ということです。

1.「最高の製品」に込められた意味

　「最高の製品を作る」ということは、社会運動ではなくビジネスであることを掲げていることになります。これらは、ビジネスそのものが社会的課題を解決していくんだと宣言しているのです。これを実現するために、過去には、「レスポンシブル・エコノミー」（責任ある経済）を提唱しています。これは、「経済が持続的ではない、ゆえに責任ある経済を目指す。なるべく売りたくない、しかし我々が生活する上では自然に負荷をかけざるを得ない。せめて負担を最小限にする経済を目指す」ことです。これは、企業としてできる最も責任あることの1つが、長持ちし、修理可能な高品質の製品をつくることで、それにより消費を抑えることができるという意味です。先ほどのミッションステートメントで説明したように、経済は持続的ではない、だから責任ある経済を目指すべきだということが、負担を最小限にしてさらに解決していくというところにつながっていきます。

2.　コラボレーション

　パタゴニアはビジネスのみならずミッションステートメントの達成ためには自らの組織だけでは十分ではないと考え、外部の企業やNPOとコラボレーションしています。たとえば、ウェットスーツの製造において、植物ベースのバイオラバーを製造するアメリカ企業・ユーレックス社と協力し、アメリカ南西部の砂漠を原産地とする灌木グアユール（2016年秋以降、原料はFSC認証を得たヘベアに変更）を使用し、生分解可能で従来の素材に勝るとも劣らない新しいウェットスーツ素材の共同開発に成功しました。グアユールは無農薬で栽培され、収穫および根覆い後に、水性分離プロセスで高品質の天然ゴムが抽出されます。ゴムは薄いシートに加工され、

ウェットスーツのパネルとして裁断されています。このように、外部の力を借りながら「環境保護と製品品質」を両立しています。

　もう1つ重要なコラボレーションが、2010年にウォルマートと共同で創設した「サスティナブル・アパレル・コーリション」です。これは、パタゴニアが実行してきたオーガニックコットンをはじめとする経験を、ウォルマートなどと一緒に、環境的・社会的な実績の指標を作る試みに、他のアパレル・フットウェア会社を招聘し組織化されたもので、メンバー企業は合わせて世界の衣類およびフットウェアの3分の1を製造・販売しています。これはパタゴニア1社では業界共通の問題をスピーディに解決することができないことから、多くの企業にパタゴニアの経験を伝達し、またメンバー企業間の協力を促すものです。ある意味、競争の源泉であるノウハウを伝えるプラットフォームとして理念を広げており、従来の企業とは異なった経営スタイルを実行しています。

3.　エンゲージメント

　また、持株会社であるパタゴニア・ワークスを通じて、同じ志を持つ企業に投資するための内部基金「＄20 Million ＆ Change」を設立し、廃棄物となった漁業用ネットを回収、リサイクルしてスケートボードを作っている「Bureo Inc」や、環境にも人にも素材にも優しい炭酸ガス由来の方法を利用して、素材や生地の洗浄、前処理、再処理方法を開発・販売する「CO_2 Nexus」に投資しています。環境問題にアプローチするためには、企業のみならずNPOの活動も推進する必要があるため、パタゴニアが呼びかけ、売り上げの1％を寄付する「1％ for the Planet」を設立し、現在1200社の加盟企業が約4000のNPOを世界で支援しています。

2　学びのポイント

　学びのポイントは、ⅰ）ビジネスにおける4つの次元、ⅱ）プラットフォーム化、ⅲ）パートナーの育成、ⅳ）コンフリクトの最小化、ⅴ）社会運動性を兼ね備えたビジネスの5つです。

1.　ビジネスにおける4つの次元

　パタゴニアでは、ミッションステートメントをあらゆる経営の指針として位置づけています。しかし、この点を筆者は次のように捉え、本書の参考としています。基本はミッションステートメントのとおり、ビジネスがあって、そのビジネスの中にCSR的な発想や、警鐘を鳴らしたり、解決に向けて実行するという視点を入れることがビジネスの根本だということを学ばせていただきました。パタゴニアの4つの次元をベースに、先に説明したソーシャル・ビジネスの4つの次元を作成しています。そして、「最高の製品」という表現がパタゴニアの中心であり、それを実現するために以下の3つが存在している、つまり経営理念を実現したものが、最高の製品だということです。この4つの次元が、本書のSI 4.0の企業モデルの参考になっています。

2.　プラットフォーム化

　パタゴニアはオーガニックコットンを広げるためにサスティナブル・アパレル・コーリションを設立しました。パタゴニアがこれを設立した理由は、オーガニックコットンを広げるのではなく、パタゴニアが取引先やアウトドア業界他社とともに培ってきた手法や、他社が持つ、より持続可能性の高いノウハウを、共通の分析ツール（エコ・インデックス）を通じて、アパレル業界全体に拡大したいという想いからです。パタゴニアは、この

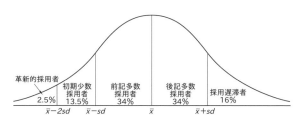

いつイノベーションを採用したかによって測定される革新性の大きさには、連続性がある。けれども、採用時点の平均値から標準偏差ずつ区切ることにより、この連続性は5つの採用者カテゴリーに分けられる。

図 2-4　イノベーションの普及における採用者カテゴリー（出典：Rogers, E. M. (1962), *Diffusion of Innovation*, The Free Pres（青池愼一・宇野善康監訳『イノベーション普及学』産能大学出版部、1990）

ように社会的な志向を持った企業を育成するプラットフォームとしても機能しています。

　これが一般的にソーシャル・エンタープライズの特徴として扱われる「スケール・アウト」です。一般的な企業は、競争戦略上「模倣」を最小化しようとしますが、ソーシャル・エンタープライズはその逆で、社会的課題の解決を単独で、あるいは1つの地域でできるとは考えておらず、他の地域でも同様の取り組みを普及させる必要があるからです。ソーシャル・イノベーションの普及も通常のイノベーションの普及と同様に、市場と図 2-4 のように初期少数採用者の創造からスタートします。

3.　パートナーの育成

　さらに、パタゴニアは、「$20 MILLION and CHANGE」というベンチャーファンドをつくっています。社内ベンチャーだけではなく、外に対してもファンドを使いながら、環境に優しい生産技術を育成していきます。その象徴が先に紹介したウェットスーツです。パタゴニアは工場をもたないため、環境・社会的課題を解決するためにミッションを共有する企業とのコラボレーションに積極的に取り組んできました。つねに自分たちができる

ことには限界があり、それだけでは社会課題を解決するところまでなかなか至らない。そこにコラボレーションを使って色々な主体が出てくることで、結果として解決や、課題を生まないというところにつながっていました。これは、マルチステイクホルダーのコンフリクトはコラボレーションの延長線上にしか存在しないということをともに気づいていました。

4. コンフリクトの最小化

次に、全社戦略として社会的課題に挑戦することです。パタゴニアもこれまでの事例同様ソーシャル・エンタープライズやソーシャル・ビジネスを使いません。では何に分類すべきなのか、アメリカで使われてきた社会指向型企業なのかというと、そうではなく企業のあり方の問題、しかも多様なステイクホルダーに配慮した新たな経営スタイルを模索しているのではないか、ということです。

パタゴニアは必ずしも経済規模の拡大を望んでいません。従業員、地域社会、環境、取引先にとって正しい経営がビジネスの成功に結びつくことを社会に示したいと考えており、そのためにファンドを使ってエンゲージメントやコラボレーションをしながら、理念を広げていきます。このような経営スタイルはこれまでの企業のあり方と異なり、パタゴニアの経営スタイルを明確に分析する中で、社会的課題を解決する／生まないためにはコンフリクトの最小化が必要だと気づいていきました。

5. 社会運動性を兼ね備えたビジネス

このあと紹介するラッシュも同様に、ビジネスに加えて社会運動的な要素を持っています。この点から、ビジネスの視点も重要ですが、社会的課題を解決するためには、社会運動とのコラボレーションも必要だと認識していきました。とくに原子力やダムなどの政治に起因している問題は、市

場の活用に加え、NPO等とのコラボレーションで社会運動を支援することが必要になってきています。このような意味でもコラボレーションの視点が重要となっています。

06
ラッシュジャパン[88]

組織名	株式会社 ラッシュジャパン
設立	1998年8月（英国：1994年）
所在地	神奈川県愛甲郡愛川町
代表取締役	ロウィーナ・バード
資本金	1000万円
売上高	非公開
従業員数	1600名
事業内容	フレッシュハンドメイドコスメの製造販売
経営理念	ラッシュの信念

表 2-5　組織概要

1　経営スタイル

　ラッシュは「サステイナビリティは、商品を通して、私たちから皆様の手に届けたい、カンパニーの最優先課題です。ビジネスが成長すればするほど、より持続可能な社会につながっていく―そう信じて行動します」と述べています。ゆえにラッシュは可能な限りオーガニックな原材料を使用し、ハンドメイドにこだわり、新鮮な状態で商品を販売します。最近では商品パッケージを可能な限り使用しない（サステイナブルな）ビジネスを展開しています。

1. 当たり前の経営を広げること

　自分たちが成長すればするほど持続可能な社会になる、つまり自分たちの経営スタイルを拡大すればするほど幸せな社会になる、それを我々は目指すと明言しています。彼らも自分がソーシャル・アントレプレナーだとは言いません。では彼らは何なのかというと、「これが当たり前だ」と思っているということです。彼らは、動物実験をしないこと、環境に配慮すること、フレッシュな原材料を使い商品を作ることにこだわっています。

2. 持続的な発展にとって完ぺきではない

　そして、自分達を完璧ではないと評し、理想を追い求めるラッシュはそのために様々な取り組みをおこなっています。ラッシュの1つの信念が「フレッシュ」です。その意味は、新鮮で、可能な限りオーガニックな原材料を使用し、原材料のみならず、製造、保管や流通のすべてのプロセスにおいてもフレッシュにこだわることと、オーガニックな原材料の利用などによって安全安心も追求するということ。しかしながら、それはラッシュ単体で実行できるわけではありません。とくに原材料は、サプライヤーの協力なくして調達することができません。ラッシュはそのために原材料提供者と対話を重ね、丁寧にラッシュの考え方を伝えています。特に日本国内でオーガニックな原材料を一定量確保することは難しく、生産者も同様に信念をもちつくっていることが多いため、両者の価値を共有する対話を通し、理想とする原材料を調達しています。調達以外にリサイクルなどの分野でも、外部の企業の技術や協創によって製造過程における廃棄物のリサイクル100％を達成しています。

3. 制度変革というソーシャル・イノベーション

　既存の制度との関係においてもソーシャル・イノベーションを創出しています。それは、結局ゴミになってしまうパッケージを削減するために、既成概念にとらわれない固形アイテムを開発することに加え、シャンプーバーなどの一部の製品に関しては、包装をなくした「Naked」（ネイキッド）を販売することで、ゴミの削減につながっています。何とか余分な梱包を削減したいという想いから、粘り強く関係者とやり取りする中で、部分的にネイキッド販売をおこなえるようになりました。これは、様々な制度が理想を追求する企業の前に立ちはだかる場合に、制度といえども対話を重ねながら変化させていく、制度変化にかかわるソーシャル・イノベーションです。

4. コラボレーション

　ラッシュは自らのビジョンと理念を追求し続けるだけではなく、人々や他の企業にもラッシュの考える持続的な世界に参加してほしいという想いを込めて SLush Fund を創設しています。ラッシュではこれまでも可能な限りオーガニックな原材料をフェアトレードで購入していました。しかし 2010 年 11 月「フェアトレードで購入するだけでなく、生産者のコミュニティとパートナーシップを築き、支援し合うべきではないか？」と考え始めたことを契機に、「持続可能性」「パーマカルチャー」「再生」をキーワードに、本国イギリスにて原材料と資材の購入に支払った金額の 2％をファンドとして貯め、その資金で持続可能な農業やコミュニティ・プロジェクトの立ち上げを支援します。こうした取り組みにより 19 ヶ国において 32 以上のプロジェクトで生産・加工された原材料は、既にいくつかの商品に使用しています。その他にも店舗を使ったキャンペーンを通してわれわれ生活者の行動変容をも促しています。ラッシュは、理念型ビジネスを通じ

て、自ら事業を拡大し、多様なステイクホルダーを巻き込みながら社会を変化させようとしています。

2　学びのポイント

　学びのポイントは、ⅰ）アメーバ型の組織構造、ⅱ）全社戦略としての社会性、ⅲ）社会的課題を生まない経営とコラボレーションの3つです。

1. アメーバ型の組織構造

　ラッシュの組織構造は、ユニークです。ラッシュの組織構造は、ヒエラルキー型ではなく、アメーバ型（ラッシュの内部の呼称）であり、理念型経営あるいはマルチステイクホルダー型の経営にはこのような組織構造が必要なのではないか、ということを示唆しています。

　アメーバと聞くと、京セラ（京都府京都市）のアメーバ経営を思い出される方が多いと思います。京セラのアメーバ経営は、組織をアメーバと呼ぶ小集団に分けます。各アメーバのリーダーは、それぞれが中心となって自らのアメーバの計画を立て、メンバー全員が知恵を絞り、努力することで、アメーバの目標を達成していきます。そうすることで、現場の社員一人ひとりが主役となり、自主的に経営に参加する「全員参加経営」を実現します[89]。このアメーバ経営の目的は、ⅰ）部門別採算制度、ⅱ）人材育成、ⅲ）全員参加経営の3つです。

　一方で、ラッシュのアメーバ型組織は、各ユニット単位で理念を実現するための施策を考え、実行する構造となっており、基本的にはユニットのリーダーに任されています。ただし、ヒエラルキーも存在しますが、それらは主にアドバイザーとしての役割が中心です。たとえば、エシカル・バイイング部門では、商品の成分に関してはイギリス本社で決定しますが、

その原料調達に関しては日本などの工場でおこなっており、ビジョンと理念を実現するためスタッフに大きな権限が移譲されています。言い換えると、個々人が経営理念を実現するために最良の方法を常に考えなければならないということです。ラッシュの組織は、図2-5のように、ビジョンや経営理念を実現するために4つのユニットをもち、その4つのユニットを支えるようにデザイン、ファイナンスやトレーニングなどその他の部門が存在しています。

　一方で理念型経営はコストもかかり、理念を浸透させにくいという課題も存在しています。そして何より個の自立が必要です。この問題を解決するためにはリーダーとスタッフのこまめな対話や、ラッシュのようなトレーニング部門が必要になります。

　結果として、京セラとラッシュの組織は類似する点が多いです。その理由は、京セラもラッシュも理念型の経営スタイルをとるからです。理念型経営は、貨幣換算できない主観的な経営になり、理念の浸透に大きなコストがかかるので、比較的小集団がよいことと、しかも常に未完成の状態で、イノベーションやコラボレーションを必要とするため、アメーバ型組織構造の方が適応しやすいという利点があるということを学びました。

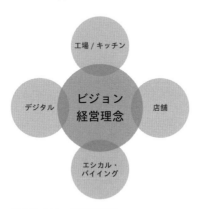

図2-5　アメーバ型組織構造

2. 全社戦略としての社会性

　ここも全社戦略であり、社員が活き活きと働いているのは、そこには経営理念の共有があるからです。ラッシュの全社戦略のポイントは、ステイクホルダーの倫理が企業の倫理であり、ステイクホルダーの問題は企業の問題であるという考え方がすべてを表現しています。ゆえにラッシュは他の事例と同じように自分たちのことをソーシャル・アントレプレナーとは言いません。一般の企業の経営のあり方として、それが当たり前だと考えているからです。

　ここまで紹介した企業も、経済的価値と社会的価値を同時に全社戦略として追求している点で共通しており、さらにラッシュはそのことを鮮明にしている点が特徴です。ここまでみたように、社会的課題を解決することも重要ですが、社会的課題を生まない経営も同じぐらい重要だということです。

3. 社会的課題を生まない経営とコラボレーション

　このラッシュの事例からは、社会的課題を生まないという視点のみならず、自分たちは常に不完全であり、完全に近づけるためにステイクホルダーとのコラボレーションを進める視点が重要になっていたことを学びました。

　社会的課題の解決は重要な課題ですが、それが認知されてからそれを解決するためには時間とコストを要します。しかし、ラッシュは常に個人の倫理と会社の倫理の一致を模索し、そのために社会の問題を会社の問題と捉えています。この考え方は、常に社会の動向を注視し、次に社会の中で起こることを読み解こうとしている姿とも見えます。つまり、多くの企業のトップが10年先を見越して経営をするという言葉を使いますが、その言葉を具現化した行動とみることができます。社会的課題を生まない経営

を目指すことが、結果として次世代のニーズを先取りすることになっていることがわかります。
　もう1つは、ラッシュが、パタゴニア同様に資本主義経済は常に社会的課題を生んでしまうシステムであるという認識を持っているということであり、パタゴニア同様責任ある経済を担うためには行政やNPOとのコラボレーションが不可欠であるという認識をもっています。もし資本主義を批判するだけであれば、社会運動として展開すればよいのですが、ビジネスである以上、資本主義を前提に、そのシステムを活かしながら社会的課題を生まないようにするために、多様なステイクホルダーとのコラボレーションを示唆し、オルタナティブな経営スタイルを提示しています。

07
しまの会社[90]

組織名	株式会社 しまの会社
設立	2008年10月
所在地	愛媛県上島町
ファウンダー	兼頭一司
資本金	1085万円
売上高	非公開
従業員数	10名
事業内容	食品の製造販売 カフェの運営
経営理念	「島民の、島民による、島民のための会社」です。 地域のみんなが所有し、地域のみんなが運営に参加し、収益をただ分配するのではなく、地域の未来のために使っていきます。 地域のことを、国や他の誰かに任せるのではなく、地域の主役である住民自身が、地域の資源を活かしながら、考え、運営していくための会社です。

表2-6 組織概要

1 経営スタイル

　この会社は、典型的なコミュニティ・ビジネスの事例です。コミュニティ・ビジネスとは、地域の人が、地域の資源を使って、地域のためにおこなう事業のことです。これはソーシャル・ビジネスと類似する概念でもあり、社会的課題の解決を目的とした事業形態です。地方創生の言葉が使われて以降、再び注目されている概念です。しかしながら、ソーシャル・ビジネスとの違いは、必ずしも制度変革を必要としないという点です。

1. コミュニティ・ビジネス

　しまの会社は「島民の島民による島民のための会社です。地域の皆が所有し、地域の皆が運営に参加し、収益をただ分配するのではなく、地域の未来のために使っていきます。地域のことを国や他の誰かに任せるのではなく、地域の主役である住民自身が地域の資源を生かしながら考え運営していくための会社」です。地域の住民が出資して作った市民の会社です。

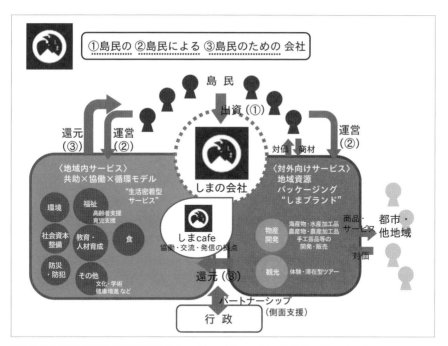

図 2-6　しまの会社のビジネスモデル図（出典：http://www.kibounoshima.jp/kaisha/about.html）

2. 民間市役所

　経営のスタイルとしては、行政の社会サービスを代替する地域の課題解決と、それを支えるために、島の特産品を県外に販売しています。近年では、人材育成のためにNPO法人しまの大学（2010年4月設立）を設立し、しまの大学から派生する形で島民の困りごとを事業化するために「株式会社困っていることはなんですか」（2015年3月）が設立されています。

　対外的なサービスは、地域の産物を加工して他地域に販売するという、従来型の一般的なコミュニティ・ビジネスですが、それと違うところは「共助 × 協働 × 循環モデル」の地域内サービスとして、対外サービスで儲けたお金を、福祉や環境や地域のことや人材育成に使っていることです。つまり、単純に収益を上げて経済を活性化させたり、不足するサービスを提供するというコミュニティ・ビジネスではなく、それを使いながら地域の人たちの困り事、介護サービスや耕作放棄地などの地域課題の解消をこの会社がおこなっているところです。

　彼らは「民間市役所」というコンセプトを持っています。本来の市役所のあり様とは、地域の人たちの困っていることを自分たちのお金や公益事業などでサポートしていくことです。ビジネスを通じて、その収益金で、地域の困り事への対策を提供していきます。それが民間市役所という彼らのコンセプトです。

2　学びのポイント

　学びのポイントは、ⅰ）民間市役所、ⅱ）孤立化することの重要性の2つです。

1. 民間市役所

　学びのポイントとしては、先にも説明した民間市役所というコンセプトです。しまの会社は、NPOの存在理由の中で説明したように、NPOは特定の社会サービスを提供することで、政府の失敗を補完するという考え方を活かす事例となっています。つまり上記でも紹介したビジネスの収益を利用し、島民に不足する社会サービスを提供するという発想です。

　上記の他にもNPO法人「しまの大学」が2011年4月に開校しています。同法人は島民から出された地域課題に対するアイデアを島内外から広く募集し、"学生"（しまの大学会員）らの投票によって選ばれると、"学部"として採用されます。現時点では芳香性の高い植物の葉を栽培して商品を開発する「香りと癒し学部」、食べられる草木や海藻やその調理法などについて学ぶ「摘み菜学部」、島内にある資源や商材を利用した商品の開発などをおこなう「商品開発学部」などが実際に採用され、月に数回の授業がおこなわれています。

　大学と名付けられた同法人。しかしいわゆる学校というよりも、島内外の人々が地域を教材として一緒に研究、チャレンジする場と表現したほうが正確かもしれません。「地域内だけで問題を解決するには限界がある。だから島内外からもアイデアをいただけるこの"大学"を企画しました。島民からは"船便が減少している"、"医療や介護のサポート体制が不足している"、"雇用先が少ない"、"高齢化が進んでいる"など、様々な課題が挙がっています」。まさにオープンイノベーションのフレームとなっています。

2. 孤立化することの重要性

　もう1つは、地域が孤立していたほうが活性化しやすい、島だからできることがたくさんあるという視点です。それがどういうことかというと、弓削島はしまなみ海道につながっていないため、どこかに行こうとすると

船に乗っていかなければなりません。いわゆる孤立している地域だということです。

一方で、しまなみ海道や本州四国連絡橋などの開通は、地域の活性化というよりも本州にお金を奪われるストロー現象につながっています。たとえば企業などは四国の事務所を本州に統合しています[91]。さらに九州新幹線の開通によって、鹿児島から福岡に移り住む人が増加し、ストロー現象が起こっています。つまり、地域というのは主要な経済地域とつながってしまうとストロー現象が起きて、経済力が大きいところにどんどん吸い寄せられていく可能性をもっています。

兼頭氏は、地域は孤立したほうがやりやすいと指摘します。その理由は、不便な地域から出ていかないという選択をするならば、その中で色々な工夫をしなければ経済を回せなくなる、つまり思考を停止させないということです。逆に貨幣は思考停止を生みます。新幹線を通したり、橋を通すと、全部お金のあるほうへ人や資源が流れていくので、自分たちの工夫をしなくなります。そういう思考停止を勝手に経済が作り出していきます。

しかし、多くの人が、その貨幣や経済が無味乾燥で、逆に人間関係を断ち、便利と幸福がつながらないことに気が付き始めています。つまり孤立感です。元来人間は他者に依存しないと生きていけない動物にもかかわらず、貨幣があたかも一人で生きていけるかのような夢を見せているにすぎません。そのような意味で孤立した地域の方が、工夫しようという姿勢をとれるため、活性化しやすいということです。経済や資本主義は、我々の幸福を作り出す手段であったはずが、それを目的にすり替えたり、それらに依存することによって多くの社会的課題を生んでいます。そのような視点を転換するためにも、人と人のつながりが維持されている孤立した地域に多くの可能性をもてるということです。つまり、孤立化した方が相互依存関係がよく見えるということで、ここでも関係性が重要なカギとなっています。このような関係性は安心とともにむすびつき、安定につながっていきます。

08
アミタホールディングス [92・93]

組織名	アミタホールディングス 株式会社
設立	1977年4月
所在地	京都府京都市
代表取締役	熊野英介
資本金	47,492万円
売上高	46億
従業員数	147名（連結）
事業内容	■環境戦略デザインと事業（企業の環境戦略トータル支援） ■地域デザイン事業（地域の包括的循環モデルの構築支援）
経営理念	持続可能社会の実現

表 2-7　組織概要

1　経営スタイル

　アミタホールディングスは、持続可能な社会を実現するために環境戦略デザイン事業（産業廃棄物の100％リサイクルネットワークによるリサイクル支援、環境業務のアウトソーシング、環境リスク低減コンサルティング、環境業務のIT化支援、森林認証/水産認証など）、地域デザイン事業（地域未利用資源の利活用（家庭ゴミ・し尿処理・汚泥・林地残材など）、バイオマス発電、環境共生型農業支援など）を展開しています。
　その根底には、循環型システムの形成を第一優先順位とし、新しい関係を生み続け、築きあげるという発想があります。

基本的に自分たちのことを、ソーシャル・アントレプレナーだと考えており、社会的課題の解決に尽力している企業です。しかし、ソーシャル・アントレプレナーの定義がこれまでのモノと異なっており、顕在化した社会的課題の解決だけを担うのではなく、社会的課題をチャンスに変換したり、社会的課題そのものがなくなるような新たな社会システムを構築することを意味しており、他の事例と同様の視点です。その基本的な経営スタイルのベースには、信頼があります。彼らはソーシャル・アントレプレナーであり、信頼をキーワードに社会的課題を解決しています。

1. 価値をベースに社会を変えたい

　経営スタイルは、基本的にコストではなく価値をベースにおいていることと、経済性と社会性を分離していないことがポイントです。経済性と社会性をバランス論として捉えるのではなく、統合するという視点です。業態変更は経営者の役割だということを述べていますが、最初から理念型経営、つまり価値ベースにプロモーションすると、他の人からなかなか理解されません。そこで、最初はリサイクル等の誰もが知っている事業形態から始め、業態変更を加えながら自らの価値や理念を表現しています。その背景には、どんどん社会環境が変わるなかで、その変化を捉えながら業態変更していくという視点があります。

　そして、アミタホールディングスは東証JASDAQ市場に上場しています。この理由は、価値をベースに証券市場を変えたいという思いからです。加えて、上場にはもう1つ理由があります。それは多様な人々が出資という行為によって社会的課題の解決に参加できるようにしたいということです。

2. 社会的課題を解決し続けること

　社会との関係性では、社会的課題を「解決し続ける」ことを事業とし、社

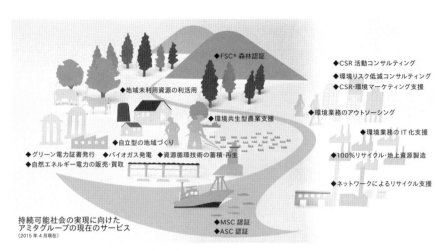

図 2-7　事業領域（提供：アミタホールディングス株式会社）

会ニーズと市場ニーズを同時に満たす事業やサービスを開発、提供しています。どちらか一方だけを満たす事業は一時的にはよくとも、決して持続しないからです。ラッシュ同様に、アミタホールディングスのサービスが人々に必要とされ、事業が拡大すればするほど、自然が豊かになり、地域が元気になり、人と人とのつながりが生まれていくと考えています。社会的事業を担う企業のパイオニアとして、サービスを提供する企業や自治体ともその仕組みを共有しつつ、いつの日か、日本中の産業と地域を持続可能なものにすることを目的としています。つまり自分たちの事業が拡大すればするほど、社会が良くなっていくアミタというプラットフォームを社会に提供していくことで、持続的な社会が実現すると考えています。そして、彼らも同じように未来をデザインする企業だという言い方をしています。未来というのも 1 つの大きなキーワードになります。

2　学びのポイント

　学びのポイントは、ⅰ）社会的課題を生まない経営、ⅱ）関係性の視点、ⅲ）オープンな組織のあり方、ⅳ）生態系を意識した組織構造の4つです。

1.　社会的課題を生まない経営

　熊野氏も顕在化した社会的課題の解決だけをビジネスにしているのは本質的ではないと述べています。従来、環境ビジネスは、廃棄物を、「リユース」あるいは「リサイクル」の視点、つまり廃棄物は出てしまうという前提でおこなわれてきました。しかし、そこに熊野氏は、「たくさんの廃棄物がでないと、発展しない会社というのは、存在価値があるのか？本当に環境のためになっているのか？」という疑問を持ち始めました。一方で社員は「お客さんは喜んでくれる」と反論しました。しかし持続可能な社会の構築には譲れない点で、そこから事業の再構築に乗り出していきました。

　このように社会的課題を根本的に解決する、言い換えると社会的課題を生まないような事業モデルを提案することを事業とするように変化させていきました。このように産業廃棄物の再利用といった視点のみならず、廃棄物を生まないビジネスを提案することの重要性を改めて学んだ事例となりました。熊野氏はこのような事業形態をソーシャル・ビジネスと呼んでいます。対症療法的な事業はソーシャル・ビジネスではないということです。

2.　関係性の視点

　本書の中心的な視点である関係性は、アミタホールディングスの熊野氏から教えていただいた概念です。これは、仏教的な発想で、すべて何か単独で成立しているわけではなく、相互に依存しながら関係性の中で存在し

ているという発想です。言い方を変えると、仏教の用語の"空"ということになります。空とは実体的存在がないということ、すなわち関係性があるのみということになります。

その関係性をベースにすると、これまでのような単なる機能を売るという視点から、関係性、プロセス、発想といったストーリーや物語の中に埋め込まれた価値に視点が移り、戦略も、マーケティングも、営業もこれまでと異なった手法が必要になっていきます。

個から関係性へのシフトは手間がかかり、企業の成長にも時間を要するので、短期視点のビジネスにとっては不都合です。そして、企業の成長も時間を掛ける必要があります。

ゆえに、これまでの企業は、このような関係性を排除し、貨幣という力でビジネスを展開してきましたが、それでは競争が激化したり、ニーズが多様化し、さらに社会的課題を生んでいることからも、今こそ大きな転換が必要となっています。それらを別の視点からみると、以下で示す筋肉強化型内骨格組織となります。

3. オープンな組織のあり方

ここでは内骨格・外骨格という生物の構造がヒントになっています。外骨格は、頑丈な体をつくり、体を守るという長所がある一方、成長に応じて大きくなれないと言う短所があります（成長に合わせて大きくなるためには、脱皮をおこなわなければなりません）。内骨格は運動の支点となる骨格の外に筋肉があるため運動の効率が良いという長所があります。短所としては、外骨格のように軟部組織を圧力や衝撃などから守ることができません。これらの点から、小型の生き物（昆虫を含む節足動物など）では外骨格が使われ、大型の生き物（脊椎動物など）では内骨格が使われています。

これを組織に置き換えてみると、現在の多くの組織は外骨格型になって

います。本来組織は内骨格型ですが、あまりにも骨を支える筋力を強化した、つまり利潤を最大化できるように単機能化した結果柔軟性がなくなったとも解釈できます。従来皮膚構造で守ってきたものを、鋼鉄のパワースーツを着て、外部からの圧力に強くなった筋肉強化型内骨格組織になりました。しかし、それが社外とも積極的に連携するオープン・イノベーションの時代になった途端対応できなくなってきています。オープンな組織にするためにはパワースーツをはぎ取らなければなりません。

そこで内骨格と細菌の働きがヒントになるとのことです。それは内骨格型の生物は骨の外側に筋肉、そして皮膚があり、その皮膚には大量の細菌が付着し、外界とのバランスを取っています。それを常在菌といい、私たちの体に存在する微生物のことです。常在菌は全身に生息していますが、その中で肌の上に生息しているものを皮膚常在菌と呼びます。具体的には、表皮ブドウ球菌、アクネ菌、マラセチア菌、黄色ブドウ球菌などが挙げられますが、それらの菌はおよそ1兆個生息していると言われ、私たちの肌の上にある皮脂や汗をエサに生息しています。しかし、何らかの原因でバランスが崩れたときに、トラブルの原因となることがあるのです。

この生物学からのメタファーを利用すると、組織は内骨格型で、皮膚という薄い境界に守られ、皮膚の表面には多くのステイクホルダーが存在し、外界とのやり取りで保護者になり、マルチステイクホルダーの存在が組織をも安定させます。これによってはじめてオープンな組織が可能になります。

4. 生態系を意識した組織構造

一言でいうと、同じ価値観、同じ考え方を持つ人々や組織からなる企業を超える有機体カンパニー。それは、必ずしも社員になる必要はなく、同じ価値観を共有している人は参加できます。そこにはアイデアをもって、事業を立ち上げてもよい、労働に参加してもよい。とにかく一緒にやろうということ。つまりネットワーク、あるいはプラットフォーム型の組織を

指しています。常に変化する社会環境に対して持続性を維持し、一社で多様なコアコンピタンス（核となる能力・得意分野）[94]を保持しようとすれば、調整コストが増加しますが、プラットフォーム型の組織に転換すると、価値の共有を前提に、多様なコア・コンピタンスの同居とコスト削減が可能になります。ここでは、有機体のようなネットワーク型組織の方が社会的課題の解決や社会的課題を生まない経営と相性が良いのです。

　この学びのポイントは、これまでみてきた事例とも多くの類似点をもっています。つまり、結果として激しく変化する社会環境の中で持続的な経営をするためには、理念をベースとしたプラットフォーム型の経営スタイルが有効だということを示しています。しかも、多様なコアコンピタンスとコスト削減を可能にするシステムも同居できることもポイントになります。

09
寺田本家 [95]

組織名	株式会社 寺田本家
設立	延宝年間（1673-81）
所在地	千葉県神崎町
代表取締役	寺田優
資本金	1,000万円
売上高	2億
従業員数	22名
事業内容	日本酒の製造販売
経営理念	自然の原点に戻って酒造りをしたい

表 2-8　組織概要

1　経営スタイル

　寺田本家は、延宝年間（1673～81）に創業され、340年続く蔵元です。寺田本家の日本酒の特徴は、酒は人間がつくるものではなく、微生物がつくるものであるという考え方。しかし当初からそのような酒造りをしていたわけではありませんでした。先代の寺田啓佐氏は利益追求に走りすぎ、身体を壊し、倒産寸前までいきました。最後に自分の作りたい酒をつくりたいと、生命力の有る"百薬の長"たるお酒を目指し、自然の恵み、生命のエネルギーを最大限に生かすため、無添加・生酛造りをはじめ、微生物たちの働きを助ける「五人娘」をつくりました。

1. 自然を生かす

　これは自然界に存在する稲麹を種麹として、発酵に必要な酵母も蔵に住み着く酵母菌を使用しています。それゆえに「微生物が喜ぶためにはどうすればよいのか」という視点から、無農薬や無添加にこだわっています。通常の日本酒造りは人工的な種麹を使用するため、雑菌をいやがり、室に蔵人以外が入ることを拒みます。しかし寺田本家は、室に蔵人以外の人、つまり雑菌が入ることで種麹が成長すると考えています。雑菌も存在意義をもち、人間はそれらの働きを活かすような環境作り、すなわち発酵する場を整えることに専念します。これは、環境を整え、自然界にあるものを活用し、環境に優しく、人の身体によく、安全・安心で、伝統文化を継承しながら日本酒をつくる、ということです。この考え方を人間界に言い換えてみると、どんな人々も存在意義をもっており、それらがプラスに働くように環境を整えることで、それぞれの個性や役割を果たせる、それぞれが生き生きと暮らせる社会となる、ということになります。

2. お酒を飲めない人への配慮

　また日本酒を飲めない人への配慮が新たなイノベーションを生んでいます。寺田本家は一部で槽搾りという昔ながらの手法を用いており、酒粕も香り豊かでコクがあるものとなっており、この酒粕を使ったレシピ本を出版しています。また酒になる前の酒母という段階のものを袋詰めし、百薬の長を手軽に味わえるヨーグルトのような乳酸発酵飲料「マイグルト」を製造販売しています。これは日本酒を飲めない人、乳酸菌が嫌いな人、そして牛乳アレルギーの人も飲める健康にも配慮した飲料となっています。

　このように、単にお酒の顧客への配慮のみならず、お酒を飲めない人への配慮もあり、それがイノベーションへの源泉になっています。さらに地域への配慮も欠かさない経営スタイルをとっています。

3. 地域活性化

　また、発酵というコンセプトを活かし、地域活性化にも挑んでいます。「発酵の里こうざき」という場づくりです。これは日本酒、納豆、味噌、パンなどの発酵食文化をベースに地域活性化を図るもので、小さな個人が語り合い、動いてまちづくりを発酵させたいという思いからスタートさせました。そこでは、①寺田本家の酒粕から酵母を起こして国産小麦と合わせ、安全安心なパンを製造、②毎年3月に町長を実行委員長に酒蔵祭りを実施し、5万人の来場者が小さな町にやってくる、③小学校と連携して、小学生にみそ作りや酒粕料理などを体験してもらう、という取り組みをおこなっています。他にも、蔵の裏手では、日本酒作りに必要な道具、特に現在では製作できなくなってきている桶などの道具を制作する職人などを育成する空間をつくろうとしています。

　このように、寺田本家は酒造りという事業を通して、"発酵＝かわる"ことをコンセプトに、様々なステイクホルダーを活かす・つなぐ・育成することを実践されています。多様なステイクホルダーに配慮し、まさにコンフリクトを最小化しようとする中でイノベーションが生まれています。

2　学びのポイント

　学びのポイントは、ⅰ）ロイヤル・カスタマーの育成、ⅱ）自己組織化を育む場、ⅲ）発幸場の3つです。

1. ロイヤル・カスタマーの育成

　理念経営の1つの営業スタイルとは、ファンを育てて、ファンからロイヤル・カスタマーに育てることです。ゆえに従来のような営業をしていま

せん。パタゴニアもラッシュも IKEUCHI も営業はしていません。営業はしますが、自分から何か売り込むような営業はしません。でも、営業しなければ売れないのではという素朴な疑問があります。ではどうするのかというと、ファンやロイヤル・カスタマーの存在です。それがどんどん勝手に宣伝し始めます。このファンやロイヤル・カスタマーを作ることが企業の最大の役割になる。これを作れれば、勝手に宣伝をし始めるというのは、寺田本家の経営を調べた時に学びました。

2. 自己組織化を育む場

次のポイントは、自己組織化を育む場が存在していることです。各主体の振る舞いに良し悪しは存在しません。そこにあるのは良い場が存在するかどうかだけだという考え方です。社会的課題を問題として取り上げれば、それを解決しようとそこだけに焦点が当たってしまいます。しかしあらゆるステイクホルダーがそれぞれの役割を持っていると仮定すれば、社会的課題も単に問題として解釈するのみならず、違う側面で捉えることも可能になります。そこに俯瞰力や未来志向が重要な要素となり、解釈の話だという冒頭の話に戻ってきます。つまり寺田本家を見ていると、自己組織化を生む場が存在していると考えられます。

寺田本家は、あらゆるステイクホルダーに優しい経営をしていき、拡大を良しとしません。その理由は、拡大を志向するといずれかのステイクホルダーに負担がかかり、自己組織化を阻み、結果として持続的な発展を阻む要因となるからです。たとえば、上記で紹介したサラダコスモや理念型経営で注目される伊那食品（長野県伊那市）は徐々に売り上げを拡大し、増益を続けています。

3. 発幸場

　2006年頃からソーシャル・イノベーション・クラスターという考え方はあったのです[96]が、具体的な政策にまでたどり着いていませんでした。それを具体的にこうやって作ればこうなるのかということを決定づけたのが、寺田本家の事例です。つまり"発幸場＝イノベーション"という図式が初めてつながりました。第4章で説明する京都市ソーシャル・イノベーション・クラスター構想は、人を活かす、人をつむぐというこの寺田本家の考え方をベースにつくられています。それは自然環境を含めたすべての人・モノが役割を持ち、それを最大限発揮することで豊かな未来を構築できると考えたからです。

　つまり本来ネガティブだと言われて、悪さをする人や菌が、実は蔵の環境を良くすればポジティブな影響をもたらすということを教わります。そこから蔵という場を地域に変え、そのような場を作れれば、あらゆる人たちが貢献していく場になっていくのではないか。そこにいる市民や消費者がそれを理解して、初めて企業が生かされます。そういう人たちをいかに育てていくかが、行政の課題だと冒頭で説明しましたが、その1つの結論が、この「発幸場」という考え方です。この考え方の最後のピースになりました。

10 クロフーディング

組織名	株式会社 クロフーディング
設立	2002年10月
所在地	大阪府大阪市中央区
代表取締役	黒岩功
資本金	1,200万円
売上高	4億
従業員数	40名
事業内容	レストラン事業 ブライダル事業
経営理念	お客様の喜びは私たちの喜び

表 2-9　組織概要

1　経営スタイル

　クロフーディングの経営理念は「お客様の喜びは私たちの喜び」です。これはラッシュの「お客様の倫理は、企業の倫理」と同じで、ステイクホルダーと同じ価値を共有するという視点をもつことの重要性が確認できます。もう1つの目的は「人を育てる」ことです。かつて、スタッフ8名が同時に退職したことがあり、それまで黒岩氏はスタッフへ思いを熱く語り続けていたのですが、それが浸透しないことに気づいていきました。以来、リーダーの育成とスタッフがやりがいを感じながら働ける環境づくりに力を注いでいます。「ル・クロ」のクロとは、フランス語で「畑」という意

味で、その意味はスタッフの夢が大きく実る畑を作りたいということです。

1. お客様、従業員本位の経営

　すべてのスタッフが自分の仕事をサービス業と考え、常にお客さま中心で物事を考えています。通常のレストランではサービススタッフと調理場スタッフの関係が良くない事が多いのですが、「お客様のために何ができるか?」という価値観が同じであるため、スタッフ全員で協力して目標に向かっていくことができます。レストランとして「美味しいのは当たり前、お客様の満足のためにどんな付加価値がつくれるか?」を徹底しています。つまり一席の価値を最大化することを目的に料理のみならず、お店の雰囲気、接客なども大切にしています。

　働くスタッフは全て正社員です。それは辛いことも楽しい事も全て一緒に分かち合うためです。お客様が全て帰られてから毎日どんなに遅くなっても全員でミーティングをします。その日に起こった問題はその日に解決。その日のお客様の事を話し、常にお客様の満足度にこだわります。

　このような関係は、お客様のみならず、マルチステイクホルダーに配慮した経営につながっています。従業員を大切にするのみならず、後述するようにサプライヤーや地域文化にも配慮しているのです。

2. 障がい者雇用

　クロフーディングは、一般社団法人AOH(神奈川県横浜市)とコラボレーションし、障がい者雇用にも取り組んでいます。AOHはチョコレート工房「CHOCOLABO」(ショコラボ)を運営する団体で、工房名は健常者と障がい者とコラボレーションするという意味です。黒岩氏は、2015年12月より一般社団法人FUKUROと京都ショコラボを立ち上げ、プロのシェフの技術や人材育成のノウハウの提供と障がい者の特徴を生かしたチョコレート

作りをしようとしています。今後はその手法を全国に展開していくことを考えています。

2　学びのポイント

　学びのポイントは、ⅰ）コラボレーションのために価値共有と目標を一致させること、ⅱ）理念型経営には対話が大切、ⅲ）理念型経営には型が大切の3つです。

1.　コラボレーションのために価値共有と目標を一致させること

　従来のレストランは、キッチンとホールに分断されていて、多くの場合にうまく機能していません。これは、これまでの企業、NPO、行政、市民が分断されていて機能していないことと同じです。この点を機能させる視点として黒岩氏は価値観の共有ということが重要だと述べています。つまり、おいしい料理を提供したいという単一の価値観では一体化できませんが、1つの席の価値を最大化するというように捉えることによって、ホールのスタッフやお店の雰囲気などあらゆる存在が参加できます。ここでのポイントは誰もが参加できる複合的な価値を、目標とすることではじめて機能が統合できるということです。これはこれまで説明してきた事例も、後段で説明する京都市の構想も同じ発想で、地域全体の価値を、共感を通して最大化するという視点でおこなわれています。

2.　理念型経営には対話が大切

　これまでも多くの事例が理念型の経営を遂行していることを紹介しましたが、そこの一番の肝は理念を伝え続けることと、それを円滑に進める組

織構造でした。本事例においては、徹底した全員ミーティングと各店舗に二人のインキュベーターを配しているところにその改善方法をみつけることができます。

ミーティングは毎晩営業終了後、全員でおこなっており、当日起こったこと、感じたことをメンバーがシェアし、そこを基本に黒岩氏は経営理念を伝えるという手法が取られています。長いときには朝4時ぐらいまで続くときもあるとのことです。しかし、対話だけでは十分ではありません。もう1つ基準というものが存在しています。それが理念経営を進める上でのもう1つの組織構造となっています。

3. 理念型経営には型が大切

基準とは、武道や茶道の型と同じように考えてください。たとえば目的に対して、説明するよりも型や基準にあるようにやってみるということです。やってみると、その型は目的に対してしっかり進歩していることが後で理解できます。しかし、型はマニュアルとも違います。その違いは、行動に余白があるかないか、つまり自分の判断が入り込む隙があるかないかです。

この基準は教育やマニュアルと大きく異なっています。たとえば、観光業界で有名なおもてなし企業と比較してみるとよく理解できます。それは、理念を共有して自ら考えて接客をすることと、教育されたことを粛々とすることの違いで、真に自分のことを思って接客してもらっているのか、あるいは形式的に接客されているのかということで、簡単には主観的な接客なのか、客観的な接客なのかということです。もっと具体的にいうと、教育でいわれたことしか配慮できないが、真に理念に忠実であるとすれば、応用が可能になるということです。

さらに、経営理念は変更しませんが、型は毎年微妙に変化させています。それは社会状況の変化もありますが、参加するスタッフが変わり、伝え方

を変える必要があるからとのことです。このような組織構造になって初めて、経営理念が組織の中に浸透していきます。

11
中村ブレイス [97・98]

組織名	中村ブレイス 株式会社
設立	1974年12月
所在地	島根県大田市大森町
代表取締役	中村俊郎
資本金	2,000万円
売上高	約10億
従業員数	75名
事業内容	義肢装具の製造販売
経営理念	"Think" お客様のために考え続けよう

表 2-10　組織概要

1　経営スタイル

　中村ブレイスが所在する島根県大田市大森町は、およそ400人が暮らす小さな町です。古い町並みが残るこの町にあるのが世界遺産石見銀山です。ここは、江戸時代前期に日本最大の銀の産出量を誇りました。ここで使われていた製錬技術が全国に伝わり、銀の算出に大きな貢献を果たしたと言われています。石見銀山の銀は、国内だけでなく、アジアやヨーロッパ等世界各地へ輸出されました。山間の小さな町は世界との経済的、文化的交流の懸け橋となっていたのです。

　そんな石見銀山のおひざ元にあるのが義肢装具メーカー中村ブレイスです。社員数75人。高い技術を持つ義肢製作者たちを束ねるのが中村俊郎

社長です。義手、義足といった義肢から装具と呼ばれるコルセットや保護帽など、治療やリハビリに用いる様々な医療用具を独自に開発している日本有数の企業です。中村氏は高校を卒業後京都の義肢装具会社に就職。その後先端技術を学ぶため、アメリカで働き、1974年に帰国。地元大森町で会社を立ち上げたのです。中村ブレイスを日本有数の企業にまで成長させたのが、当時高価な素材だったシリコーンを使い、1981年世界で初めて開発した靴のインソール。O脚を矯正するためのインソールで、肌に優しく弾力性に優れた製品です。この医療用インソールは世界9ヶ国で特許を取得。これまでに170万個を売り上げ、会社の礎を築く製品となりました。以降、経営は軌道に乗り、創業20年を過ぎるころから無借金経営を続け、ここ10数年間は15％前後の経常利益率を確保してきました。現在、従業員は75名。2013年9月期には、初めて年商が10億円に届くことになりました。

1. 単品ごとの採算性よりも事業トータルでの利益を─「日本で1番、感謝の手紙が届く会社」

　中村ブレイスの堅実な成長は、顧客である患者からの圧倒的な支持の賜（たまもの）と言ってよいでしょう。患者の目線にこだわった義肢装具づくりで、使いやすさを追求。1991年には、本社に併設してメディカルアート研究所を設立し、より精巧な質感を再現した義肢づくりをめざしました。その徹底したこだわりはコスト増に直結しますが、保険が適用されないため、採算を度外視して低価格に設定。メディカルアート部門単独では赤字ですが、それを「健全な不採算」と捉え、収益性の高い汎用品で利益率の低下を抑えました。

　この原点は、アメリカにありました。創業前にアメリカで義肢装具を学んでいたころ、中村氏は交通事故で命を失いかけたことがあります。事故にあって、ふと目を覚ますと、そこは大学病院の霊安室でした。以来、中

村氏は自分自身が「生かされている」と考えるようになりました。そしてそれは、中村氏に裕福な暮らしを味わわせたかったからではなく、「他人様の役に立て」という意味だったはずと中村氏は考えています。そのような経緯もあって、他人様の役に立つ男にならなければ申し訳がないと考えるようになりました。そんな個人的な経験も、会社の経営に深く影響しています。

　当時、シリコーンゴムはまだ身近な素材ではありませんでした。成形が難しく扱いづらかったことに加え、非常に高価だったからです。しかし、ビニールなどと違って通気性がよく、肌触りもやさしい。劣化しにくい点も魅力でした。中村氏は、それで足底装具をつくってみようと思い立ちました。靴の中敷きです。意外に思われるかもしれませんが、靴の中敷きは医療用具としても大切なもので、膝や外反母趾の痛みを緩和することができます。中村氏らがシリコーンゴム製品の開発に成功するまで、革やコルクが使われていました。型枠に適した素材を研究したり、成形時に発生する気泡を除去する方法を考えたり、どれほど試行錯誤を繰り返したでしょうか。開発費として、数百万円を投じました。そのころの中村ブレイスにとって、小さな額ではありません。しかし、足もとはまさに人間の土台ですから、よい素材を使って、少しでも使いやすい製品をつくりたいという気持ちは変わりませんでした。結局、製品化まで１年近くかかりました。そして、日本を含めて欧米９ヶ国で特許を取得しました。

　開発したシリコーンゴム製の中敷は、独占販売ではなく、同業各社に委託販売されることになりました。もし中村ブレイスが独占販売していれば、今の数倍の収益をあげることが可能であったかもしれません。しかし、中村ブレイスがすべての顧客のアフターフォローをしようとすれば、大きなコストと、業界の衝突をまねく可能性をもっていました。その状況を顧慮し、委託販売という手法を選択しました。これが、収益の安定性をもたらし、健全な不採算を可能にしたビジネスモデルを構築させました。

2. 社会貢献活動

　多くの患者から支持される製品力と企業姿勢に加えて、地域貢献の実績でも中村ブレイスは多方面から高く評価されています。中村ブレイスが本社を構えるのは、中村俊郎社長の故郷である島根県大田市大森町。同町を中心とする銀鉱山遺跡や街道、港などは、2007年、「石見銀山遺跡とその文化的景観」としてユネスコの世界遺産に登録されました。しかし、同町では大正期の休山を境に過疎化が進み、人口は減少の一途をたどります。現在、同町の人口は約400人で、65歳以上の住民が40％近くを占めています。そうした厳しい環境にあって、中村ブレイスは文化財の保護や活用を通じて、地域の活性化に貢献してきました。江戸時代の武家屋敷や廃屋寸前の古民家などを購入し、同町への移住者などを対象とした賃貸住宅や店舗、従業員用社宅として再生。費用はすべて自己負担で、その数は47軒にのぼります。

　また、本社に隣接する大森代官所跡に地元有志が開設した石見銀山資料館を大改装。古地図や古丁銀（こちょうぎん）など収蔵資料の収集にも努めました。一昨年には、同町では珍しい宿泊施設「ゆずりは」を建設。国内はもちろん、海外からも同社を訪れる患者や観光客の利便性を高めています。

　石見銀山にまつわる資料を本格的に収集し始めたのは、もう30年近く前になり、神田神保町の古書店で資料を探し求めた時期もありました。もともと、中村氏は歴史や地理に関心があり、個人的な趣味で始めたことです。ところが、残念なことに、長い年月のなかで重要な資料の多くが散逸していました。放置すれば、やがて石見銀山の歴史を後世に伝える手がかりが失われてしまう。そんな危機感から、家族も呆（あき）れるほど資料の収集に力を入れることになってしまいました。

　歴史的建造物の保存や再生に取り組んだのも、同じ理由からです。過疎化や高齢化によって、昔から見慣れた古民家などが朽（く）ちるに任せる様子は、見るに忍びない。「どうにかしたい」と思っていたところ、ご縁があって、

ある商家を購入したのがきっかけでした。そのことが歴史的な景観の保全に役立ちました。

2　学びのポイント

1.　過疎のまちの企業だからできること

　中村ブレイスは会社設立時から大森町にこだわっていました。その理由はゴーストタウンとなっている大森町が「ふるさと」であったこと、アメリカで見てきた世界的な義肢装具メーカーのホズマー社が、都会ではなくオレンジ畑の真ん中で世界の患者さんに向けて仕事をしていたことでした。中村社長には「世界に通用する仕事がしたい」という思いがありました。世界に通用する企業というと大企業、しかも大都市に本社をもった企業というイメージを持つ傾向がありますが、量ではなく希少価値で勝負できれば、可能になると考えていきます。ゆえにオンリーワンだからこそ、そして世界に通用する製品ならどんなに田舎であっても世界中からお客さんがやってくる。そしてそれは、どこにいても人の役に立てるという思いがありました。これが最も重要な視点を提示します。多くの人が過疎地ではビジネスができないと思い込んでいますが、必ずしもそうではないことを明らかにしました。都会でなければビジネスができないという思い込みを捨てることを学びました。

2.　選ばれた孤独

　次の視点は、「みんなで何か決めようとすると、好きなことができなくなる」という中村氏の言葉です。中村氏は群れません。それは、調整に時

間がかかったり、自分の好きなようにできないからです。つまり意思決定がぶれたり、時間がかかってしまうのを避けたいためです。特に田舎は周りの人の顔色をうかがうことが多いのですが、中村氏はそうではありません。

　社会が安定しているときには、他の人の意見を聞いたり、群れることは大切です。しかし、現代社会のように社会が変化を求めているときには、群れると変化を導き出せません。あるいは平均点の意見になってしまい、革新的なアイデアは出にくくなります。ゆえに中村氏のような存在が必要なのです。千葉望氏はこのような中村社長を「選ばれた孤独」と評しています。

　このような視点は、元ホンダの小林氏が述べる、イノベーションを起こす企業が持つ3つの共通項とも一致します。その3つとは、第1にユニークなリーダー、第2にロクでもない社員、第3に年寄りがいないことです。第1はキヤノン初代社長の御手洗毅氏やソニー創業者の井深大氏、ホンダ創業者の本田宗一郎氏などです。第2は大学の成績が悪かったり、そもそも大学を出ていない社員が多い場合。成績は瞬間的な論理判断力で決まりますが、新しいことをやる時には邪魔になることを示しています。第3は過去の経験に束縛されないこと、と（小林氏は）述べています[99]。特に第3の視点が、「選ばれた孤独」と一致しています。

　このように、イノベーションを起こす人は孤独になる傾向が強いですが、それらをやり遂げる精神力、つまり個人の感情などのコントロールが重要となってきています。このことが本事例で第2に学んだことです。

3. 地域創生のカギは生き方と働き方の一致

　最近、多くの地域では、人口減少対策として移住政策が散見されるようになってきました。しかしながら、多くの地域では、住宅補助やそのマッチングなどの生活面のみに着目し、最も重要な働き方についてほとんど政

策が存在していません。たとえば東京から離れた地域に住もうとすれば、仕事がその地域を体現できる必要があります。田舎生活にあこがれている人にとって、ロボットのように働かなくてはならない工場勤務しかない地域には魅力がありません。そこにはその地域を体現できる働き方、あるいは企業が必要です。そのような意味で地域を体現できるよい会社がある地域、たとえば先に紹介した中村ブレイスがある島根県大田市大森地区では、人口増や出生増がおこっています。そしてそのような企業に加えて、よそ者を受け入れる開かれた地域であること、よそ者をサポートする隣近所といった近隣の関係が重要です。この2つが第4章4節で示すような共有経済や贈与経済を組み合わせて生活できる基盤をつくり、資本主義に左右されない生き方のベースになっていきます。

　島根県の産業構造を見てみると、島根県の経済（住民所得）は公的部門への依存度か46.9%と全国平均の37.6%に比べて高いことから、民間需要主体の産業構造への転換が必要とされています。しかも、産業の構成の中心は依然として、医療・福祉、建設業で、従業者数の25.4%（全国18.3%）、付加価値額で27.9%（全国16.3%）を占めるなど、公的部門に依存する分野のウェイトか全国平均に比して大きくなっています[100]。このようにU・Iターン者が島根県の歴史的・文化的・地理的背景を好んで転居したいと思っても、そこには自らの生き方を実現するような働き方を見つけることは難しいのです。しかし大田市大森地区は中村ブレイスをはじめ、全国的に知名度をもつ企業が存在しています。

　一方で、U・Iターンにおいて、もっとも大きな壁になるのが地域の受け入れです。大森地区は古来から石見銀山で栄えた地域で、最盛期には20万の人々が居住し、しかも中国や朝鮮半島のアジア諸国、ポルトガルやスペインなどのヨーロッパ諸国と交易していたことからも、開かれた地域であり、よそ者が入ることに抵抗感をもっていませんでした。加えて、現代でも「お裾分け」が存在しています。この点が本事例で最も学んだポイントです。

このように大田市大森地区の繁栄は、上記の地域を体現できる企業、開かれた地域、隣近所の相互関係という3つから成り立っています。この他にも小値賀島、弓削島や海士町なども同様に3つの要素を兼ね備えた地域で、人口増加や出生数の増加が確認できます。
　次章からは事例研究を踏まえて、社会的課題を生まない経営について考えていきましょう。

77.　ソーシャルプロダクトとは、「より良い社会づくり」への消費参加を可能にする商品やサービス のこと。

78.　大室悦賀（2009）「環境配慮型商品とビジネス―池内タオル株式会社―」『ケースに見るソーシャル・マネジメント』文眞堂

79.　池内計司（2008）『「つらぬく」経営―世界で評価・池内タオル』エクスナレッジ

80.　http://www.ikeuchi.org/custom/cotton-nouveau/

81.　大室悦賀（2009）「中小企業の戦略的フィランソロピー―株式会社兵左衛門―」『ケースに見るソーシャル・マネジメント』文眞堂

82.　浦谷兵剛（2010）『箸しらず』講談社

83.　古村公久（2015）「サラダコスモ」谷本編『ソーシャル・ビジネス・ケース』中央経済社

84.　井上久雄（2015）「人烈風録サラダコスモ中田智洋」『週刊東洋経済 2015.11.28』

85.　http://www2.chubu.ac.jp/digibook/koyu/2013/index.html#page=13

86.　苫米地英人（2012）『30代で思い通りの人生に変える69の方法』泰文堂

87.　大室悦賀（2015）「パタゴニア」『オルタナ』No.40

88.　大室悦賀（2015）「ラッシュジャパン」『オルタナ』No.40

CHAPTER 02

89. http://www.kyocera.co.jp/inamori/management/amoeba/

90. 兼頭氏へのインタビューに基づく（2014年8月26－27日、しまの会社オフィスにて）。現在では兼頭氏は代表を退いており、本記述は兼頭氏が代表を務めていた当時のものです。

91. http://www3.boj.or.jp/takamatsu/econo/pdf/ss081215.pdf

92. 熊野氏へのインタビューに基づく（2015年4月9日、オフィスにて）

93. 熊野英介（2008）『思考するカンパニー』幻冬舎

94. Hamel, G. and Prahalad, C. K. (1990), *The Core Competence of the Corporation*, Harvard Business Review, May-June 1990.（一条和生訳『コア・コンピタンス経営―未来への競争戦略』日本経済新聞社）

95. 大室悦賀（2015）「寺田本家」『オルタナ』No.40

96. 谷本寛治（2006）『ソーシャル・エンタープライズ』中央経済社

97. 千葉望（2010）『世界から感謝の手紙が届く会社―中村ブレイスの挑戦』新潮社

98. 中村俊郎（2011）『コンビニもない町の義足メーカーに届く感謝の手紙』日本文芸社

99. http://www.nikkei.com/article/DGXZZO46968130W2A001C1000000/

100. http://www.kantei.go.jp/jp/singi/tiiki/tiikisaisei/dai33nintei/plan/a020.pdf

CHAPTER

03

サステイナブル・カンパニーとは何か

本章では、事例分析を元に、社会的課題を生まない経営を概念化していきます。具体的にはⅰ）共通する経営スタイル、ⅱ）社会的課題を生まない経営の基本要素について説明していきます。本章は表1-1のソーシャル・イノベーション4.0の経営スタイルを説明します。

01
共通する経営スタイル

　最初に共通する経営スタイルについて見ていきましょう。ポイントは、それらの経営が自分たちで自己完結できない・しない、つむぐ、ということが重要な視点になります。具体的には、ⅰ）経営哲学、ⅱ）異質なものをつむぐ経営、ⅲ）ステイクホルダーへの配慮、ⅳ）競争戦略を意図しない、ⅴ）プラットフォームの提供の5つの視点から説明します。本節では、これまでの株主基本主義の経営スタイルとの違いを意識しながら、読み解いてください。

1　経営哲学

　検討してきた事例に共通する点で、最も基盤となっている事項は、経営にかかわるすべての意思決定を司る経営哲学です。IKEUCHI ORGANIC で言えば企業の憲法、パタゴニアであれば Mission Statement です。この経営哲学がベースとなり、経営が営まれています。言い換えると経営が存在しているということです。経営を言い換えると「人間を幸せにするために、会社を継続的に発展させること」ですが、このためには2つの側面から経営のあり方を見る必要があります。第1には環境の中で舵取りをするための、社会における経営のあり方であり、第2には他人を通して物事をおこなうという企業内部における経営のあり方です[101]。この2つのあり方を決めるのが経営であり、哲学です。ゆえにここでは経営哲学と表記します。そして戦略やマーケティングなどはこの経営哲学を実現するための経営手法と位置づけられます。

2　異質なものをつむぐ経営

　この経営哲学の最も根底部に存在する考え方が、「異質なものをつむぐ」ということです。これは、多様性と解釈的枠組み（主観）の経営システムへの反映の 2 つの機能を意識しています。第 1 の多様性は、現象やものの解釈の多様性をもたらし、関係性を捉えるために必要な視点です。結果として、それらが、意味や認知の「差異化」や解釈的枠組みをつくりだし、イノベーションへとつながります。後段で説明するプラットフォーム型の経営や京都市のソーシャル・イノベーション・クラスター構想の基本の考え方が、この「多様性」です。

　なぜこの多様性を意識し差異化をつくりだすことが重要かというと、地域や組織は徐々に同質的なものの見方や行為に構造化され安定化させる特徴をもっており、構造化によって地域を活性化できなかったり、イノベーションを生めない原因になる可能性をもっているからです。そこで、異質なものを集めること、最少有効多様性の法則を堅持することが必要になってきています。しかし、異質なものを集めることは容易ではありません。そこでそれを集める機能が必要になってきています。それが主観の経営システムあるいは解釈的な枠組みです。

　主観の経営システムとは、従来の分析枠組みから一度離れ、他者とつむぐことを意識すると、情報を多様な視点で見ることが可能になり、自身の経験で分析するのではなく、解釈的なものにすることです。それは、つむごうとするとつむぐことを意識するため、情報を分析せず曖昧なままに保持し、その情報をうまく活用できる人、必要としている人や組織を探す中で情報を解釈することになります。通常 PDCA（Plan, Do, Cheak, Action）サイクルが使われますが、この手法は効率化するときには有効であるものの、イノベーションの創発を前提としたときには不向きです。それは Plan（計画）のところに大きな問題を抱えています。たとえば、Plan といっても、現状把握、原因特定、目標設定、手段の選択、集団意思決定といった少な

くとも4つのフェーズが存在すると言われています[102]。しかし分析的な視点、あるいはロジカルな視点は、過去の経験がベースとなっているため、上記4つのフェーズは過去の経験に支配され、新しいものがなかなか創発できない状況にあります。

　我々は通常過去の成功体験から情報をわかりやすくし整理し仕舞い込みます（分析して整理する＝分析的思考）。そこでは図3-1の左側の情報にある角や突起物を削除したきれいな形、自分にとってわかりやすい形に過去の成功体験に依存して整理してしまいます。しかし、その状態では、他から新たな情報が入ってきた場合に、自分の考え方の構造によって引き出すだけになるので、イノベーションにはほとんどつながりません。

　イノベーションを創発させるためには、図3-1の右側のように情報の角や突起物がある状態のままに、あるいは主観的で解釈の入り込む隙間を保持し、他の新たな情報と偶発的につながるようにする必要があります。その結果、周りの人が多様な思考の持ち主であればあるほど解釈は多様化し、イノベーションの創発の確率を高められます。

　つまり、主観的である「つむぐ」という意識が、分析的思考に基づく競争・模倣・コストの考え方を根本から逸脱させ、既存の考え方によって思

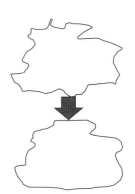

図 3-1　情報の処理

考停止にも陥らない異なった発想を生むことを可能にします。言い換えると、多様な思考の構造をつむぐことを意識することで、思考停止を生まなくできるということで、同時に思考の構造を変化させる自己革新につながります。この視点は未来からバックキャスティングする手法と同じ意味です。

　加えて、IKEUCHI ORGANICで紹介したように、ビジネスや商品に人格を持たせるという主観的な視点は、解釈的枠組みと同じ意味で、他者の考え方が入り込む隙間を与えるために、いろいろな人たちを引きつけるという結果をもたらします。そのプロセスでは異質な人々の参加を可能にし、解釈的枠組みを発生させ、イノベーションやコラボレーションの可能性が拡大するということが営まれていきます。この2つの視点がオープン・イノベーション理論を精緻化する可能性をもっています。

　本書では多様な情報の海から未来を実現するための鍵を拾い上げ、新たな意味や価値を付与するという意味で「キュレーション」という概念を利用しています。詳しくは第4章第3節で説明します。

3　マルチステイクホルダーへの配慮

　そして、「マルチステイクホルダーへの配慮」が、次の共通点です。先にコンシャス・カンパニーでマルチステイクホルダーへの配慮が重要だと述べてきましたが、マルチステイクホルダーに均等に配慮するわけではなく、配慮の仕方を決めることが必要です。ここで、配慮といったときに社会的課題を生まないことに配慮するという意味で使っています。具体的には自らできないのであれば、パタゴニアやラッシュのようにコラボレーションすることを考えるということです。その配慮の仕方を決めるのが経営理念や哲学です。

　注意すべきポイントは、もちろん経営理念や哲学に共感してもらう努力

は必要ですが、経営理念に共感してもらえないのであれば、かかわってもらわなくてもいいという割り切りも必要だということです。顧客のニーズに傾倒することは、ニーズの変動に伴うリスクに加え、経営理念の逸脱や、拡大解釈につながり、自分たちのやりたいことができなくなる可能性をもっています。極端には、経営理念に共感してくれないのなら、商品を買ってもらわなくてもいいという覚悟も必要です。つまりマルチステイクホルダーへの配慮とステイクホルダーの選択が、同時に必要となってきます。それが、企業の憲法や最高の製品ということに表れていきます。加えて、経済規模を急拡大させない理由もここにあります。

　もしステイクホルダーの選択をせずに、顧客のニーズに反応するならば、他社との差別がつきにくくなり、多くの場合に価格による差別化や顧客セグメントなどの競争戦略によって差別化することになります。その結果、体力勝負の、競争の激しい市場に参入していくこととなります。共感することはそう簡単ではないですが、多くの人に賛同されるような企業の憲法が必要だということです。

　ラッシュも、「ビジネス倫理は個人の倫理と同じであるべきだ」と言っています。つまり、個人が考える倫理性と、ビジネスが考える倫理性というのは、別ではないということです。だから彼らは、「世界の課題はビジネスの課題でもある」というふうに考えており、これが１つの大きなヒントになります。ただ、あまねく個人の倫理をビジネスの倫理にしているわけではないということだけは、逆に言えることですし、潜在的な倫理性にも目配りしています。右の写真「DON'T BUY THIS JACKET」はパタゴニアの広告です。パタゴニアは、この商品を作っていながら、これを買うな、という広告を打っています。経済は持続可能

出典：New York Times（2011年11月25日）

ではないという彼らの結論から、こういう広告を打っているのですが、これも同じことです。彼らの考え方には、「これに賛同してくれた方だけ買って下さい」という極端な見方ができます。

4　競争戦略を意図しない

　次に、「競争戦略を意図しない」ということですが、他社と競争する、相手を蹴落とすような戦略は、今までの事例の中で存在していません。相手がどのような戦略をとるかということが優先すべき事項ではなく、自分がどうあるべきなのかということを優先しているので、相手を蹴落とすとか、真似をされないとか、そういう考え方はもっていません。結果として企業の存在意義が明確か、それをどのように実現しようとしているのかという経営スタイルが重要になります。

　この存在意義が明確になればなるほど、相手を蹴落とすような競争という意識はほとんどなくなります。存在意義についてドラッカーは次のように定義しています。1つは、「自らの組織に特有の使命を果たすこと。本業を定めたら、それに真剣に取り組んで、世の中に求められている役目を果たすこと」。もう1つは、「仕事を通じて働く人たちを生かす」。これは、個人が仕事の中で自己実現を果たせるような仕組みだということです。1つ目が世の中のことで、2つ目が組織にとってのことです。つまり先に述べた"経営"が明確になっているかということです。

　この存在意義を明確化せずに、マーケティングや競争戦略に依存するビジネスやソーシャル・エンタープライズが散見されます。特に東京でしか成功モデルが見られないといった理由にもなっています。このあたりは第4章で詳しく説明します。

　この過当競争をしないことと企業の存在意義から「プラットフォームの提供」が特徴的に浮かび上がってきます。

5　プラットフォームの提供

　社会的課題の解決を促進するためのプラットフォームの機能としては、ⅰ）技術やノウハウの移転、ⅱ）仲間の育成、ⅲ）ステイクホルダーの参加、ⅳ）市場における存在意義の明示、Ⅴ）買い物という投票行動の5つの視点があります。

1.　技術やノウハウの移転

　第1には、パタゴニアがウォルマートに技術やノウハウを移転した事例から確認できることです。事例でも紹介したように、ウォルマートやナイキが1％オーガニックコットンに変えるだけで、オーガニックコットンがパダゴニアの使用量の何倍にもなり、パタゴニアの経営理念に貢献することになります。そこでは、オーガニックコットンの普及のみならず、相互に経験や技術をプラットフォームとして提供し、社会的価値ある商品を各社が提供するように促しています。自分たちだけでは解決できないから、色々な人と手を組んで、広げていきます。つまり、オーガニックコットンの使用が広がれば、環境問題が減少する。同時にパタゴニアにとっても、オーガニックコットンの認知が広がるという効果が見込めます。

　しかしながら、第3項で示した競争戦略の関係で、ノウハウを移転してしまっては、企業として生き残っていけないのではないか、という疑問を持たれるかもしれません。しかしながら、機能やモノではなく関係性で捉えると簡単に真似できないことがわかります。それは、提供するプロセスにおける関係性であったり、ストーリーであったり、ステイクホルダーの信頼、あるいはクラスター資本といったものは簡単に模倣できません。それは、いくらプラットフォームとして提供してもらっても、同じプロセスや関係性をつくることは不可能だからです。ゆえにそれぞれの企業がもつ文化や信頼、地域性などから新たな関係性をつむぐ必要がでてきます。

2. エンゲージメント

　第2には、パタゴニア、ラッシュジャパン、アミタホールディングスで確認できる事例で、基金などを設立し、社会的価値を提供する企業仲間を支援するプラットフォームを提供していることです。この視点は、自分たちは完璧ではない、自分たちで社会的課題を解決できるわけではない、という2つの視点からコラボレーションする同胞をエンゲージメントする仕組みをプラットフォーム（資金提供やマーケティング支援）として提供しています。先に説明したように、単独ですべてのステイクホルダーには配慮できないため、それらを補完する仲間の育成が必要不可欠です。これらはアミタホールディングスが公益財団法人信頼資本財団を設立し、実行していることからも理解できます。

　そのような意味からは、ポーターの指摘するバリューチェーンが機能し、CSV的な動きとも捉えることができます。いずれにしろ、自分たちだけでは社会的課題、言い換えると多様なステイクホルダーのコンフリクトを解消することができないため、それらに貢献する主体を育てながらコラボレーションすることが特徴になっています。ただし、事例の日本企業はこの点が不十分で、今後の課題となっていくでしょう。

3. ステイクホルダーの参加

　第3には、IKEUCHI ORGANIC、サラダコスモ、しまの会社やアミタホールディングスなどがおこなっている投資という形態を利用した社会的課題の解決への参加です。これまで社会的課題の解決への参加は、職業を変えるか時間をつくってボランティアするかなど実現するためのハードルが高かったのですが、出資や投資という手法を使うことで、気軽に時間を気にせず、少額の資金で簡単に社会的課題の解決に参加できる枠組みを提供できます。これは上記の事例と異なって、一般の市民に開放された手法で、

社会指向型生活者を育成する手法にも応用できます。たとえば、株式会社市民風力発電（北海道札幌市：市民出資型風力発電施設の建設管理）では、社会的課題を解決したいという意識を持たず配当目当てで風車建設に出資している人もいますが、様々な経験や時間の経過とともに社会指向型の生活者に変化しています[103]。このように出資という市場メカニズムが社会的課題の解決への参加のプラットフォームにもなっています。この考え方を応用したのがコミュニティ／ソーシャル・デザイン4.0で、第4章第4節で説明します。

4. 複数のコアコンピタンスの利用

　第4の視点は、コストを掛けずに複数のコアコンピタンス（中核となる強み）が保持できるようなプラットフォームを構築することです。この視点は自分たちだけでは社会的課題を解決することができないという想いからですが、アミタホールディングスの熊野氏の指摘する、社会的課題を生まない・解決する生態系としての組織の特徴で、生態系の中にある多様な主体がもつ複数のコアコンピタンスを低コストで、同一生態系の中で利用・統合できるという発想です。この発想がクラスター資本という発想を生んでいます。

　たとえば、1社で複数のコアコンピタンスを保有しようとすれば、コストを考えなければなりません。経営資源の制約から多くのコアコンピタンスをもつことには限界があります。また、保有するコアコンピタンスを都合良く統合したり、利用したりすることも難しい。しかし、それぞれの企業のもつ現在価値や未来を相互に認め合っているエコシステムであれば、社会変化に応じて、様々なタイプのコラボレーションを容易におこなうことができ、競争優位な状況を作り出せます。たとえば、京都市において、後段で示すようなIKEUCHI ORGANICが京都市の「これからの1000年を紡ぐ企業認定」をとったことによって、他の企業や行政とのコラボレーショ

ンが進んでいます。これは価値の共有を前提としているのではなく、これからの未来をどのように構築したいと思っているかという価値とビジョンに共感しているということです。

　ここまで説明したようにプラットフォームの上に、多様な技術、ノウハウ、コアコンピタンスを持った企業が存在するとすれば、どのような社会環境の変化に対しても対応できるプラットフォームとなります。これらが結果として、市場の中での持続性を担保することとなっています。これは、上記1〜3を内包することで、市場における存在意義を明確なものにしています。

5.　買い物という投票行動

　第5の視点は投票行動としての消費行動で、これも熊野氏ら[104]の指摘するように消費者の意思表示をするプラットフォームです。通常政治における選挙は解散等がなければ4年に一度しか投票することができません。しかも、その4年間で社会状況は大きく変化し、その変化後の状況にふさわしくない候補者もいるかもしれません。つまり、激しく、複雑に変動する社会環境に対応するためには現在の制度は十分でないかもしれません。

　しかし、消費行動は毎日しかも複数回する人がほとんどです。それを投票行動として見たときに、生活者ひいては我々市民の意識を表現することにもなります。たとえば、安い商品を購入したい人もいれば、安全安心な商品を求める人もいるし、環境問題や途上国の人に配慮した商品を求める人もいます。このように、消費行動は我々市民がどのような社会を求めているのかということも読み解くプラットフォームにもなります。熊本市や名古屋市が参加したフェアトレードタウンもその1つですが、後段で説明する京都ソーシャル・イノベーション・クラスター構想はフェアトレードやエシカルなものを含め社会にかかわる多様な選択肢を提示することも重要な役割となっています。そのような視点から京都市はソーシャルプロダ

クトマップを作成しています。

　このように、企業は、市民の投票行動を表すプラットフォームとなり得ます。しかも、買い物は社会的課題の解決に直接的にかかわることができます。それらを促すような取り組みをそれぞれの企業がおこなっています。

6.　理念型経営ならではの営業スタイル

　IKEUCHI ORGANIC の池内氏の営業スタイルは、商談の際に 90 分以上時間をもらい、思いを語るところからスタートします。本書の事例のすべてが、マス媒体（TV・ラジオ・新聞・雑誌などに載せる広告）を使った広告をほとんどおこなっていません。それはマス媒体の広告を使って、企業理念や経営哲学を伝えることが難しい、あるいはそれらを理解してもらえないからです。サラダコスモの中田氏が指摘しているように、マーケットシェアを獲得するよりも、社会を変革するために、インパクトを重要視する営業スタイルは、従来の機能を説明する営業スタイルとは異なっています。

　そのかわりに、SNS や口コミをつかった PR をおこなっています。それはファンとかロイヤル・カスタマーを育成するためで、営業にエネルギーを費やすよりも、ファンやロイヤル・カスタマーの育成にエネルギーを使うことが、結果として効果的な営業になっています。さらにパタゴニア、ラッシュ、寺田本家などにもみられる図 3-2 にあるように主体的な解決者に育成しようとしています。

　ロイヤル・カスタマーとは、ある企業、あるいは商品やサービスに対しての忠誠心の高い顧客のことです。このような顧客が存在するならば、ほしいものが存在した場合には他社を利用することなく自社のみを利用し続けてくれることから、安定した収益が期待できます。本書の文脈でいえば、経営理念や社会的課題の理解 / 解決に参加している顧客のことで、このような人々をどのように増やしていくか、ということが課題です。その方法としては、図 3-2 にあるように、あくまでビジネスの質（最高の製品）

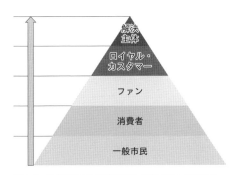

図 3-2 社会指向型生活者の階段モデル（図 1-16 再掲）

にこだわり、消費をしてもらい、商品やサービスを気に入ってファンになってもらい、そこから商品やサービスの背景を読み解いてもらうということです。

図 3-2 はリレーションシップ・マーケティングにおける顧客ロイヤルティの梯子（ladder）を援用したもので、原型は見込み客（prospect）から顧客にステップが上がり（ここまでは新規顧客の獲得に重点をおく）、クライアント（client）、サポーター（supporter）、信奉者（advocate）（顧客から信奉者までの 4 ステップが関係性の展開、拡大、顧客維持（customer keeping）に重点）につながることが提示されています[105]。

ここで伝えたいことは、継続的に、しかも経営理念を実現できるような営業のスタイルを工夫していることです。この結果、一度に大量に顧客を作り出すことができない経営スタイルになるため、創業前の取り組みが、つまり企業の経営理念をつくり、それを理解し、賛同する人を徐々に増やしていくことが重要になっていきます。後段で説明するように、京都市ソーシャルイノベーション研究所では、このようなことを意識した創業支援をおこなっています。

7. コストの捉え方

　つむぐことや上記の営業スタイルを考えると、コストの捉え方も変わってきます。これまでの経済基本主義の経営では、目の前のコストを低く、いかに効率的に商品やサービスを提供するか、ということに意識が向いています。しかし、つむぐことを考えると、その考え方が変わっていきます。それが現在コストと将来コストです。この考え方は現在価値と将来価値と同じ考え方で、生涯にわたる全コストを考慮したものです。自然保護の問題もこのような考え方からすると保護すべきだということになっていきます。

　将来コストを考えると、効率的ではない場合が多くあります。ここではそれを端的に表現する株式会社和える（東京都港区）の代表取締役矢島氏の思いを引用します。「たとえば、クレームがつけばすぐ謝る態度が、現在では最も効率的かもしれません。大半の企業や行政はほとんどそうです。しかし、理念や哲学をベースに間違っていないと思えば、きちっと説明し理解してもらう努力をする必要があります。前者はクレーマーを育て将来的にコストを増加させますが、後者はファンになってくれる可能性があり、しかもクレームはほとんどなくなりコストは低くなります。」

　つまり今のコストではなく、将来を通じて最も効率的なことは何なのかということを、理念や哲学をベースにして考えるということです。これまで当たり前と思っていたこと、たとえば効率性で考えると何とかその場を収め本来すべき仕事をするといった考え方になり、新しい解釈ができない状況を作って先述のように思考停止を生み、結局イノベーションにつながりません。この事例でいえば、謝ってしまえばすぐ終わりかもしれませんが、そこには思考停止が生まれます。しかし、説明してもなかなか理解されないのなら、どのように説明すればよいのか、あるいは経営理念を実現するための行動指針が間違っているのかもしれない、ということを必死に考えていかないと、次のステップは生まれてこないのです。

ある意味では、単純な効率性というものが思考停止を生むのだということです。思考停止を生まないということが企業経営の基本のはずなのに、効率性を考えれば考えるほど思考停止を生んでいく場合もあります。

8.　コラボレーション

　次の共通する視点としてコラボレーションがあります。コラボレーションが必須となっている理由は３つあり、それは、ⅰ）イノベーションが創発できること、ⅱ）社会的課題を解決する／生まない経営を遂行することができること、ⅲ）マルチステイクホルダーに配慮できることです。本書で紹介した事例のすべてがコラボレーションを意識して事業を展開されています。しかも理念型企業は、理念型企業とコラボレーションすることが多い。それは同じ経営スタイルであることと、両者のストリーをつむぐことで新たなイノベーションを生めることを理解しているからです。

　これまで行政と企業とNPOのコラボレーションが日本各地でおこなわれてきました。しかし多くの地域では、それらが十分機能しているわけではありません。その理由は、行政は行政の、企業は企業の目的と経営スタイルを持っているし、またNPOはNPOというように、全てのセクターが違う目的を持っているところです。しかし、目的も行動原理も違う組織がどのようにコラボレーションすればよいのでしょうか。

　事例からもわかるように、そこには、持続可能な社会や幸福な未来とか、何らかの未来との現在価値を認知して初めて、プラットフォームの構築が完成され、コラボレーションが成立します。つまりクラスター資本の形成過程でコラボレーションが生まれていきます。

　今までのコラボレーションがなぜうまくいかなかったかというと、目的が違うし、見ている方向も全て違う、つまりプラットフォームになる現在価値とビジョンの認知がない、クラスター資本が形成されないためです。

　しかしながら、ここで注意が必要です。それはステイクホルダーの選択

ともかかわりますが、プラットフォームには色も、形状も重要になります。通常プラットフォームは平面のようなイメージを持っている方が多いと思いますが、少なくとも平らではなく、価値を表現した突起、あるいは山型と白ではなく何らかの色を付ける必要があります。具体的には経営理念を具現化したプラットフォームが必要だと言うことです。たとえば平らな白いプラットフォームを提示すると、そこには多様な人々が集まりますが、収集がつかなくなります。

一方で山型や白以外に着色されたプラットフォームには個性を持った価値に共感した人が集まります。とくに事例でみたように山が高ければ高いほど（個性が突き出ていること）、個性的な人が集まってきます。このようにプラットフォームのデザインが戦略的に重要になってきます。加えて、個性が突出したプラットフォームがなぜ重要かというと、個人や組織の価値、あるいは存在意義をもった自立した個が集まってくるからです。ここがコラボレーションの最大のポイントです。

しかし、依存体質では先に説明した3つの視点が機能しません。たとえば、日本人の特徴として組織力やチーム力という表現が使われますが、それも個がしっかり存在意義を持っていないと機能しないということです。これはサッカーで顕著に表れています。岡崎選手（イギリス・レスター所属）は、「チーム全員の"個の力"が有機的に共鳴しあって最高の形で表現されているからこその結果」と表現し、いま日本に最も足りないのは個の力だと指摘しています。実はコラボレーションの前にこの個を磨くことが最も重要です。

もう1つ組織の経営スタイルが重要になります。企業、行政、NPOは目的のみならず組織の経営スタイルも異なっていたため、コラボレーションによる相乗効果が望めませんでした。そこで、企業のみならず行政も、NPOもマルチステイクホルダー志向の理念型経営に転換する必要があります。とくに、ラッシュのアメーバ型組織は、コラボレーションに有効です。少なくとも、企業より行政やNPOの方がそれらの経営スタイルが馴

染むはずですし、本来それがベースになっていたはずです。

　すべての人々に共通する抽象度の高い未来像を持っていればいるほど、多様な解釈ができるため、異質な人々が集められるということです。抽象度が高いことを、IKEUCHI ORGANIC で言うなら「最大限の安全、最小限の環境負荷」といった言葉です。そこに色々な人が集まり始めます。ここでも、このような未来像を描くことによって、多様なマインドセットをもった人たちが集まる場になります。このとき、先にもふれたように、経営者も多様性を受け入れる人格を持つ必要があり、それがないと、プラットフォームは機能しません。このために、アメリカを中心に後段で示すマインドフルネスやメディテーションといったものを取り入れはじめています。

02
社会的課題を解決する /
生まない経営

　ここまでみてきた、基本的な考え方や経営スタイルを集約すると、それは理念指向のプラットフォーム型経営という概念に集約されていきます。プラットフォーム型とは、複数のステイクホルダーのニーズを仲介し、ステイクホルダー間の相互作用を誘発する場を提供するビジネス形態ということになります。しかし、単純にプラットフォーム型経営にすればよいということではありません。だからこそ、それらの企業は理念や哲学をベースに新しい経済的・社会的価値を生み出しつづけ、ステイクホルダーとともに成長しています。結局のところ社会的課題を解決する/生まない経営とは何なのかというと、それは企業のあり方の問題です。このあり方とは、競争戦略、マーケティング、ビジネスモデル、あるいはCSVなどの具体的な手法ではなく、それらの手法をマネジメントする企業の存在そのもの、経営がどのようにあったらよいのかということです。

　ここからは、社会的課題を解決する/生まない経営の要件、要素、視点をみていきましょう。それは、社会的課題を解決する/生まない経営について、手法というより企業のあり方という視点から説明していきます。説明に入るまえに、本章がグレート・カンパニーという考え方をベースとしているので、簡単にその概念を説明し、本題に進んでいきます。

1　グレート・カンパニー

「グレート・カンパニー」は、20ヶ国以上の評判も業績も高い企業についての実証研究を、制度の論理（社会的文脈に従って、個人や組織などの行動主体の振る舞いを理解する）から捉えた成果です。制度の論理は、企業を単なる金儲けの道具として見るのではなく、社会的目的を実現し、そこで働く人々の有意義な生活を提供する手段のことです。問題意識としては、企業の目標と社会の価値観を合致させ、正統性や人々の支持を確保することが、事業上の喫緊の課題としています。

この概念の提唱者であるハーバードビジネススクールのカンター氏は制度の論理を用いる際に6つ方法と、それと対となっているグレート・カンパニーの利点にも言及していますので、同時に確認しながら見ていきましょう。グレート・カンパニーは、ⅰ）共通の目的、ⅱ）長期的視点、ⅲ）感情の絆、ⅳ）公的組織との連携、ⅴ）イノベーション、ⅵ）自己組織化の6つ方法です。利点は、ⅰ）不確実性や変化の緩和剤、ⅱ）長期的視点が短期的損失を許容、ⅲ）内的動機が自己や同僚との相互関係を規制、ⅳ）ビジネスチャンスに気づく、ⅴ）イノベーション、ⅵ）自己組織化の6つです。

第1の共通の目的は、それに基づいて企業文化の創造に投資し、多様性と一貫性を両立させ、人々の進歩を可能にするという共通の目的に基づく集合体にする、ということです。利点としては、多様性と一貫性をもっているため、不確実性や変化に対応しやすい状況を作り出せます。本書の文脈では未来志向、複雑性の縮減と多様性の両立と一致します。

第2に長期的視点は、短期的なチャンスと価値観が両立しない場合には損失を出すこともいとわないことや、環境責任・社会的責任に関する基準を満たさない者をあえて排除するなど、長期的な視点に立って持続可能な組織づくりに貢献します。利点としては、長期的視点が短期的損失を許容することができるという点です。本書の文脈では未来志向と経営哲学と一

致します。

　第3に感情の絆は、組織の価値観や原則がきちんと理解されれば、それに基づいて感情に訴えるということで、そのためには経営者や管理職の「価値観の浸透」が重要なキーワードになります。利点としては内的動機付けがきちっとできているので、相互関係をコントロールすることができます。本書の文脈では、クロフーディングの事例で紹介したように、経営者とスタッフの対話を通じて丁寧に理念の浸透を図っていることで、教育ではなく価値を共感させることが重要という視点や主観的経営と一致します。

　第4に公的組織との連携は、新しいビジネスチャンスを獲得するためには社会的課題にも関心を向けなければならず、事業の利益のみならず社会の利益を考慮することが求められます。利点としては、公的組織と連携することによって社会的ニーズに出会い、ビジネスチャンスをもたらすということです。本書の文脈でも後段で京都市の事例を紹介するように、方向性としては一致しますが、本書はもっと広い範囲を見ています。

　第5にイノベーションは、金儲けよりも大きな目的を持つことで、戦略や行動指針が得られ、オープン・ソース・イノベーションが実現しやすくなるということです。簡単には社会的ニーズに目を向けることで、イノベーションにつながるアイデアが生まれやすくなるということです。本書も同様の視点でイノベーションを捉えています。また、目的と手段を明示することとも一致しています。

　第6に自己組織化は、社員を信頼し、規則や仕組みだけではなく、人間関係にも頼ることを前提に、自己組織化や新たなアイデアのひらめきによって、自らの判断の下、様々な活動を調整・統合するプロフェッショナルということです。簡単には給与目当ての怠け者でもなく、命令を実行するロボットでもなく、自発的な人々によって形成される人間集団が必要ということです。本書も同様の視点でイノベーションを捉えていますが、最も重要な視点は社会指向型生活者の視点で、社会指向型生活者の存在なし

に、マルチステイクホルダーのコンフリクトを最小化することはできないということです。

このようなグレート・カンパニーは、本書で扱ってきた事例とも近い概念です。その中でも経営を主観的な側面から捉えようとしているところが参考になります。しかしながら、本書は経営理念とマルチステイクホルダーを起点に社会的課題を解決する／生まない経営とは何かを問うているため、グレート・カンパニーが従業員起点としている部分と大きく異なります。

次項以降では経営理念とマルチステイクホルダーを起点とした場合に、どこがポイントになるかを中心に検討していきましょう。

2　社会的課題を生まない経営のあり方

ここまで10の事例を概観し、7つの共通する経営スタイル、そしてグレート・カンパニーを見てきました。ここからは社会的課題を生まない経営のあり方について、2つの基本要素、ⅰ）マルチステイクホルダー指向、ⅱ）経営哲学、と3つの付属要素、ⅰ）関係性、ⅱ）自己組織化、ⅲ）

図 3-3　社会的課題を生まない経営のための 5 つの要素

ソーシャル・イノベーションから見ていきましょう。そして、その要素を支える4つの視点、ⅰ）開かれた組織、ⅱ）俯瞰力、ⅲ）解釈的枠組み、ⅳ）資源動員と参加を説明します。最後にサステイナブル・カンパニーあるいは SI 4.0 の企業を定義していきます。

1. マルチステイクホルダー指向：経済的価値と社会的価値の統合

　社会的課題を解決する／生まない経営とは、ステイクホルダー間の対立を最小化することで、最も重要な要件がマルチステイクホルダー志向です。パタゴニアの事例で紹介したように、「多様な利害関係者を満足させる統合された社会的価値の提示とその価値に基づいた製品やサービスの提供」という視点が重要です。このときの社会的価値は、経済的価値と社会的価値が分離した状態から、経営スタイルに統合したものという意味です。つまり、社会的課題の解決のみならず、マルチステイクホルダーに配慮した経営、サプライヤー、従業員、地域、自然環境などに配慮した経営が必要だということです。この観点から社会的課題の解決のみに焦点をあてたソーシャル・ビジネスは必要ですが、あくまでもセカンドベストだということです。

　もう一度整理してみると、これまでの経営におけるステイクホルダーの範囲は、株主基本主義が株主を中心とした管理（SI 2.0）、CSV がバリューチェーンを中心とした管理（SI 3.0）、NPO が社会的課題に関係するステイクホルダー、ソーシャル・ビジネスが特定のステイクホルダー間のコンフリクトの最小化というところにとどまります。しかし、マルチステイクホルダー志向では、多様なステイクホルダーとの関係になります。これをステイクホルダーの多様性と社会的課題の関係でこれらの経営スタイルを整理すると図 3-4 のようになります。

　図 3-4 では、経済的価値や社会的価値を水平方向で明示しており、中心から左側が経済的なパフォーマンスで、右側は社会的なパフォーマンスで

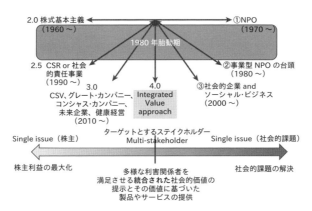

図3-4 経営スタイルの振子

す。左側が、株主資本主義では利益を最大化するため、CSRやCSVは、経済的パフォーマンスを高めるために、社会的価値を創造することで社会的課題を解決し、バリューチェーンの価値を向上させる、ということです。慈善型NPOの場合は、右側に位置し、社会的パフォーマンスを高めるために、市場の外側の活動をすること、支援やコラボレーションすることです。ソーシャル・ビジネスは、社会的課題の解決を優先しながらも、ビジネスとしての経済パフォーマンスを維持します。経済的価値と社会的価値の両方を同時にかなえるということです。しかし、ソーシャル・ビジネスも2項対立の中に存在しています。つまり、経済と社会の2項対立を乗り越えることが必要になっています。

図3-4をもう少し説明すると、この図で示した経営スタイルは狂った経営を元に戻す振り子のような歴史をたどっています。たとえば、株主基本主義が台頭し、その直後の1970年代に狂った経営スタイルとは真逆の位置にNPOが台頭してきます。その後は1980〜90年代になるとNPOの支援などの社会との関係を重視したCSRが台頭してきます。それは、経済的な価値と社会的な価値が分離しているビジネススタイルです。さらに

1990〜2000年代にかけてソーシャル・アントレプレナーやソーシャル・ビジネスが台頭し、社会的課題の解決にビジネスを活用し始めます。これも経済的価値と社会的価値が分離している状態です。つまり、経済的価値と社会的価値の関係は、ステイクホルダーの範囲と整合性が高いということです。

マルチステイクホルダー化を阻んできた経済的価値と社会的価値の2項対立は、社会的課題を根本から解決してきませんでした。

この問題は、先に示したように経済的価値の中に社会的価値を内包することで、具体的には事業プロセスの中に社会的価値を内包することです。それが、パタゴニアの事例でも示したマルチステイクホルダーに配慮した商品やサービス、あるいは仕組みのことです。このようにマルチステイクホルダーを志向することで、経済的価値も変化するということです。それが結果として、社会的課題を生まない経営につながります。

2. 経営哲学とその進化

次にマルチステイクホルダーを活かすためには、経営哲学（ここでは理念あるいはミッションと同義）が必要になります。しかも、ステイクホルダーとの相互関係を通した価値を反映した経営哲学で、本書ではIKEUCHI ORGANICの「企業の憲法」という表現を使っています。これは、先にも述べたように、経営者を中心として経営理念を提示し、マルチステイクホルダーと創造的摩擦を繰り返しながら、マルチステイクホルダーにも共有できる憲法のような経営理念のことです。

企業の憲法を制定する目的は、4つあります。第1はグレート・カンパニーの説明にもあったように、一貫性と多様性を担保することで、企業経営に安定と開放をもたらし、イノベーションを創発させるということです。第2には、人間が解釈的に、そしてインセンティブをもって働くことを可能にするということです。第3は経営哲学の制定によって経営が安定する

と、俯瞰ができるようになり、組織と外部の関係性が見渡せるようになり、さらに利他性が企業との外部との接着剤になり、コラボレーションを促進するということです。第4には、どのステイクホルダーとどのようにかかわるかというステイクホルダーのマネジメントという視点です。組織はマルチステイクホルダーに配慮するといっても、資源の関係からすべてにまんべんなく配慮できるわけではありません。そこでマルチステイクホルダーとどのようにかかわるかということが課題になり、それを決定するのが経営哲学です。これによって直接かかわるのか、間接的にかかわるのかを決定していきます。ゆえに、企業、行政、NPOといった多様なセクターのコラボレーションが必要になっていきます。

　ラッシュの事例では、「個人の倫理と企業の倫理が一致する経営」のあり方が必要ということです。それは、単にCSVという手法を取り入れることのみならず、そのCSVをコントロールする理念指向のプラットフォーム経営というベースが必要ということです。たとえば、ファーストリテイリングの柳井正氏は、「世界一の企業になるためにはCSVは当然なのです。それは、企業が普遍的に共有できる価値を持つことが重要。具体的には、真・善・美である。何が真実なのか、何が善いことなのか、何が美しいことなのか。これはアリストテレスの時代も、孔子の時代も普遍的な価値である。これが実現できて初めて世界一を目指せる」と述べています。つまり、何らかの普遍的なよって立つ価値、本書では企業の憲法を持つことが何よりも大切で、それを具体的にしたものがCSVだと解釈できます。ゆえに魂のないCSVは、真のCSVではないということですし、経営をしているとはいえません。

　一方で、理念経営の難しさというのもあり、ステイクホルダーへの浸透は時間がかかります。しかも、頻度を上げて対話をしないと、個人の勝手な考え方の構造を介入させてしまいます。そこには未来像や経営理念に共感することとコミュニケーション頻度が成功を分ける可能性を持っています。

　そのように考えると、理念指向の難しさは経済規模に比例して難しくな

ると考えられますが、グルメ・フード、自然食品、オーガニック・フード、ベジタリアン・フードなどを扱うスーパーマーケットを303店舗運営するアメリカの理念指向の経営で有名なホールフーズ・マーケットの年商は1兆5480億円（2013年、1＄＝120円）[106]です。この規模で理念指向の経営ができるということです。ラッシュのアメーバ型組織もそれに対応するものと考えられます。

　しかしながら、社会環境は常に変化し、複雑さが増加しています。それに対応するためには変化が必要ですが、憲法を簡単に変えるのは、経営のブレやコストの側面からよくありません。そこで、クロフーディングの事例でも紹介したように、基準あるいは行動指針の進化が必要になります。「基準」は、「経営理念」を実現するための企業および役員・社員の日常の行動のあり方を定めたガイドラインです。さらにかかわるステイクホルダーのガイドラインでもあります。このような基準を常に変化させながら社会の変化に対応していくことで、一貫性が担保されるようになります。一貫性が担保されるようになると、このビジネススタイルのもっとも特徴的なステイクホルダーとの関係性が担保されるようになっていきます。

　経営哲学は、ビジョンとミッションからなり、簡単にいえば、ビジョン

図3-5　経営理念の3機能の関係図（出典：横川雅人（2010）「現代企業の経営理念」『産研論集』関西学院大学、37号、pp.125-137）

がどのような未来を描こうとしているのか、そしてミッションはその未来に近づくためにどのような役割を果たそうとしているのかということです。異なった言い方をするならば、この組織はどこに行こうとしているのか（未来志向）、そのためにはどのような商品やサービスを提供しようとしているのか（手法の明示）を明示することです。

　一般的に存在それ自体の探求よりは、むしろ企業や組織における目標・手段選択だけでなく、日常の諸活動全体のあり方にも大きな影響を与え、企業や組織の「独自性」をも形作るものが一般には「経営哲学」と呼ばれ、「経営体の存在それ自体」の説明とされます。ゆえに全体としての社会制度との関係性が重要であると指摘されています[107]。

　一方で、経営哲学と経営理念は同じように扱われます。たとえば経営理念の定義を「『公表性』『客観性』『論理性』『独自性』『社会的共感性』の要素を含み、企業における指導原理として企業経営の意思決定や判断の規範となる価値観」とします。

　図 3-5 の横川の調査によれば、日本企業においては社会適用機能に関する項目が最も高い平均値を示し、その中でも「社会との共生」が最も高い値を出しているとのことでした。つまりステイクホルダーに対する経営意識を向上させる機能が働いていると指摘しています。

3.　関係性

　関係性という概念は、「リレーションシップ・マーケティング」[108] や「ストーリーとしての競争戦略」[109] などの議論が台頭し、注目されるようになっています。リレーションシップ・マーケティングは、マーケティング環境として位置づけられる顧客、流通業者、供給業者あるいはその他の当事者とのあいだに、長期的な関係と信頼関係、あるいはそのいずれか一方を意識的に開発し、管理しようとするマーケティングです[110]。本書でいえば、図 3-2 で示したモデルはこの理論を応用したものです。また、ストー

リーとしての競争戦略は、競争戦略を一連の流れと動きをもつストーリーとして捉えることです。その他にもストーリーマーケティング[111]などは、モノからコトへ変化し、ストーリーを活用したコミュニケーションなどが議論されています。

　一方で本書は、このような視点にとどまらず、もっと広く関係性を捉えています。そこにはマルチステイクホルダーという視点、未来志向という時間軸、そして何よりステイクホルダーの関心という考え方です。とくに関心という視点をもつと、モノやコトさえ個々の関心に応じて変化していくため、変化する関心をどのように捉えながら、自らのビジネスを持続的なものにするかという視点が必要になります。関心への対応はステイクホルダーニーズへの対応と狭く捉えてしまうと、先に述べてきたように難しいかじ取り、あるいはステイクホルダーに振り回され、かえって非効率な経営を強いられます。そこでステイクホルダーの選択、つまり関心のマネジメントが必要になります。そこで哲学をベースとした一貫性が重要なポイントになっていくわけです。

　なぜ一貫性が重要かというと、上記の議論は主に顧客に向けてものであるため、関心に応じて変化することも可能ですが、マルチステイクホルダーを前提とするとそれらの人々の関係性を保持するために企業の憲法が必要になり、そこが揺らぐとマルチステイクホルダーの関係性を保持できなくなります。

　その軸で見ていくと、ここでも経営哲学をベースとしたマルチステイクホルダーの巻き込みという選択という視点が必要です。上記でふれたマーケティングや競争戦略は利潤を最大化するという視点で、本書で取り上げた企業は事例でも確認したように、自らの目的を達成しようとするという視点も持ち合わせています。つまり、経営哲学によってステイクホルダーを選択することが、一貫した関係性を構築するためにはポイントとなってきます。加えて、一貫性とは一面的な関係性を意味するのではなく、未来志向を前提とすることで多様な解釈が可能になる多面性が必要で、その多

面性が多様性を維持できる要素になります。さらに自らの企業単独ですべてを成すことは不可能であるということが理解できて初めてイノベーションへとつながります。

　加えて、パタゴニア、サラダコスモやアミタホールディングスの事例でも紹介したように、経営哲学を東洋的な思想から学び、関係性もそこを起点としているということです。とくにアミタホールディングの熊野氏は、唯識論（こころのみが存在し、心と現象の関係性のみを唯一のものとして扱う）といわれる思想からこの関係性に到達しています。他の企業も明言をしていませんが、これまでの西洋的な発想だけではなく、東洋的な発想をベースに関係性やビジネスを捉えています。しかしながら、関係性は依存からは生まれません。個々が自律的な主体となって初めて関係性が成立してきます。そこには自己組織化ということがポイントになってきます。

4.　自己組織化

　自己組織化のポイントは2つあります。そこには一貫した関係性がベースとなっています。第1は組織内部のスタッフのインセンティブで、『グレート・カンパニー』でも指摘されたように、人間関係や人間の感情をベースとして組織図に大きく依存せず、自己組織化を図れるようなインセンティブ構造と組織構造のことです。これは本書の事例でいえば、クロフーディングがこのような教育によらない感情を表現できる組織となっています。この他にも坂本光司の『日本でいちばん大切にしたい会社』（あさひ出版、2008）や野中郁次郎他の『全員経営』（日本経済新聞出版社、2015）で紹介されている企業（京セラなど）がこのようなタイプです。さらに、この視点は、公的機関やNPOなども同様で、NPOや公的機関で働く多くの人が待ち望んだシステムです。

　第2には組織外部、本書にとって重要な視点で、さらにi）主体的解決者の育成とii）社会志向型顧客の育成です。主体的解決者の育成は、先述

したように、従来のように行政に依存するばかりではなく、NPO やソーシャル・エンタープライズ、ソーシャル・ビジネスを担う人たちが生まれてこないと社会的課題の解決は難しい。そこで図 3-2 のようにするために、我々生活者が自己組織化をはかり、社会的課題の解決に貢献する必要があります。それによって、解決主体と解決手法の多様性が生まれ、しかも多様な地域にそれらが遍在することで、解決の可能性が高まっていきます。

　社会志向型生活者の育成は、主にソーシャル・プロダクツ（企業および他の全ての組織が、生活者のみならず社会のことを考えて作りだす有形・無形の対象物（商品・サービス）のことで、持続可能な社会の実現に貢献するもの）を消費する人を育てるということです[112]。たとえば、環境配慮、オーガニック、フェアトレード、寄付付き商品（売上の一部を通じた寄付）、地域の活力向上、伝統の継承・保存、障がい者・高齢者支援、復興支援などに関連する人や地球にやさしい商品・サービスの総称で、生活者がよりよい社会づくりへの参加（社会貢献）が可能なものを指します。京都市では、このような視点から「京都市ソーシャルプロダクトマップ」を発行しました。

　この第 2 の視点なくして社会的課題を生まない経営、つまりマルチステイクホルダーのコンフリクトを最小化することはできません。そこには従来と異なったイノベーションが必要になってきます。

5.　ソーシャル・イノベーション

　イノベーションの創発ということを考えると、マルチステイクホルダーに配慮した企業経営にならないとイノベーションは生まれないということが結論です。そのためには一貫性があり、多面的な解釈が可能な関係性、つまり経営哲学が必要です。ここから先述した 3 つのことを簡単に振り返って、事例を踏まえた新たなイノベーションの考え方を説明します。

　第 1 には組織内の多様性の確保です。外部環境が複雑になればなるほど、

内部環境にそれに対応できるだけの多様性を確保しておかないと、外部の環境変化に対応できないということです。これがダイバーシティー経営とも一致する概念です。さらに、これは組織内の持続的な自己組織化を維持することが必要になり、持続的な最小有効多様性を維持する装置としても機能していきます。

　第２には創造的摩擦です。持続的な最小有効性を維持する装置としての自己組織化を維持するためには、組織内に創造的な摩擦を必要とします。最小有効多様性の法則は、外部環境の複雑さに対して、それに見合う複雑さを内部組織にもつことで、複雑性を減らすことができます。しかしながらこの複雑性の縮減が、イノベーションにマイナスの要素としてはたらきます。そこで次に、異なったアイデンティティを持つ人同士の議論や対話がベースになり、俯瞰と創造的摩擦が必要になります。

　第３には正統性です。多様性と創造的摩擦をおこなうためには、外部環境から多様な人々が参加できる動機付けということが重要です。これが正統性（legitimacy）で、組織に正統性を持つことが重要になっています。オープン・イノベーションを前提とした場合に、この３つの要素がないと、イノベーションは生まれてきません。この３点と、本書の視点の未来像を接合しながら、イノベーションの創発を説明していきます。

　オープン・イノベーションというのは、外部の知識や技術を活用するということが前提です。それには多様性と組織内の異質性の担保、創造的摩擦、資源を動員するための組織の正当性、共通する未来像という異質な人が集まってくるための場を作らないと、オープン・イノベーションの時代にイノベーションは生まれないということです。さらに近年では知識の開放や外部を引き付けてオープン・イノベーションを創発させることのみならず、外部に出かけて行って自分たちの知識と外部のアイデアや知識を自ら掛け合わせるような動きが散見されています。たとえば、トヨタ自動車の社員が京都の伝統工芸やソーシャル・ビジネスを見学する様子が報告されています。つまりセカンド・オープン・イノベーションのような新しい

スタイルがスタートしています。そのように考えると、マルチステイクホルダーを活かした経営こそが、イノベーションの創発のプラットフォームになりえます。しかも、利益のみでステイクホルダーを活かすことはできないので、社会貢献やソーシャル・ビジネスといった社会性をもつことが重要になってきます。ただ、社会的課題を生まないと言いつつも、結論としては、企業経営として必要な基本的要素を大事にしなければならないということです。

イノベーションは、マルチステイクホルダーになって初めて異質性や多様性が担保できます。そのためには社会性を持つ必要があり、あえて言えば社会的課題と密接にかかわるソーシャル・イノベーションである必要があります。無秩序に集まった多様性ではなく、哲学(社会と密接にかかわる)をベースとした価値と未来を共有する集団であるからこそ可能ということです。無秩序な集団であれば、ただ混乱してしまうだけです。しかも、それぞれが自立(孤立(In-dependent)という意味ではなく、むしろ「支え合い(Inter-dependent)」のネットワークをいつでも駆動できる用意を個々にしていることを意味する[113])していることです。他の言い方をすると集団でのSOC(Sense of Coherence:首尾一貫感覚)[114]が、組織における目標達成に重要だとされています。河合薫氏は、次のように述べています。

> 誰もが昨今の競争社会で、自分の強みを最大限に引き出し、確固たる「個」を確立させ、厳しい世の中を生き抜きたいと願う。だが、人間は「個」として独立した生き物ではなく、互いに支えあう関係性があるからこそ、個に内在する能力が最大限に引き出される。
> 競争社会で生き残るために求められるのは、周囲と対峙することでもなければ、競争しあうこともでもない。どんなに能力があろうとも、どんなに自分には能力があると信念を持とうとも、周囲と「いい関係」がない限り、その能力が生かされることはない。

SOC の高い集団のメンバーたちは、「周囲と共にある自己」を常に感じることができ、互いを攻撃しあったり傷つけ合うことがない。もし、そんな集団のメンバーになれたら、もうちょとだけ人生も幸せになるに違いない[115]。

　そのためには、ユニークな特色を持った場が必要ということになります。そのような場が、先述したようにあらゆる人や自然が役割をもって活躍する「発幸場」という寺田本家の概念につながります。これが基本的なステイクホルダー配慮型の企業経営によって初めて担保されるということです。これまで社会的課題を生まないという議論をずっとしてきたのですが、実はイノベーションをベースとした企業経営、つまり企業経営の本質としても、このような経営スタイルに転換した方がイノベーションを生みやすいという結論になっていきます。

　もう1つがクラスター資本です。クラスター資本とは、信頼（社会的関係資本）＋生き方（共有価値）＋共感力＋未来像、からなり、企業とステイクホルダーが発幸場やエコシステムの中でダイナミックに動く基盤となるものです。クラスター資本は、クラスターを構成し、SI 4.0 や SI 5.0 を促進するために、そして SI 7.0 を達成するために必要なもので、プラットフォーム上で、ダイナミックに動き、時には対話し、時には衝突／摩擦を起こし、イノベーションを創発するための基礎を成すものです。具体的には、たとえばクラスターの語源となっている葡萄の木に例えるなら、葡萄の木の幹につながる部分が未来像で、日本や世界の未来像を想定しながらクラスターの未来像にあたり、そこから未来像をベースとしたクラスターの生き方（哲学：京都で言うところの「京都市民の生き方」）という枝が張り出し、そこに共有された個々の生き方と事業という実がなっている状態です。このクラスター資本がイノベーションの課題を克服する可能性をもっているということです。このクラスター資本は、先のセカンダリー・オープン・イノベーションのように攻めのオープン・イノベーションへ転

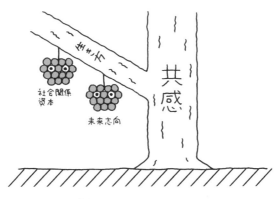

図3-6 クラスター資本

換させます。「イノベーションの現在」で説明したように、イノベーションには多様性、創造的摩擦、正統性に、マルチステイクホルダーという視点を加えることが必要で、それを結びつけるのがクラスター資本ということです。

このクラスター資本とイノベーションの関係は、コラボレーションとコアコンピタンスの活用という2つです。コラボレーションに関しては、3つの視点を共有していることで、様々な形式でコラボレーションが可能です。コアコンピタンスの活用に関してはアミタホールディングのところで紹介したように、クラスター内で保持するコアコンピタンスを他の企業が活用することができることです。この2つの視点が新たなソーシャル・イノベーションを導いていきます。

クラスター資本は、本書のテーマで使った"つむぐ"という視点が必要です。それはいろんな考え方、技術、主体間、物語をつむぎ、新しい考え方、しくみ、技術、製品、サービス、そして未来を創出することです。具体的には糸を紡ぐときに、何本もの糸をたばねて新たな糸をつくっていきます。それはお互いの存在を認め合って、信頼し合って、価値が共感し合って初めて成立することです。つむぐことは次項で詳細に説明します。

3　つむぐこと

　上記の社会的課題を解決する／生まない経営を実現するためには、"つむぐ"ことがポイントになっています。それは、社会的課題とビジネスをつむぐ、多様な主体をつむぐ、などです。その"つむぐ"ことは、オープンな組織、俯瞰力、解釈的な枠組み、多様な資源の動員の4つの視点の存在なくして実現しえないものです。そして、つむぐことなくして社会的課題を生まない経営は実現できません。このつむぐことこそが、キュレーションということです。

1. オープンな組織

　では、外部との相互関係を円滑にする開かれた組織をつくるためには何が必要でしょうか。それはオープンな組織です。しかし、単純に組織を開放してしまうと、市場に振り回されて組織が不安定になってしまうため、組織を環境から分離させる経営理念や経営哲学、先述した「理念指向の経営」が必要になります。これは、先述の通り、意思決定において利潤だけではなく理念を重視し、その理念を達成しようとする経営スタイルをいいます。この理念や哲学を持たない企業は、利潤のみに振り回されることになり、オープンにしたいのに拠り所がなく、組織が不安定になるか、閉ざされた組織になり、社会の変化に対応できません。そしてオープンにできないがゆえに、イノベーションが創発できない組織となり、持続的なビジネスが難しくなります。これは単に外部の人が経営に参加できるという視点のみならず、CSRの課題ともなっている透明性や説明責任に対応することにもなり、そのような意味でサステイナブルな組織となります。

　ただし、この経営理念を確立する際にも注意が必要です。それは、多様なステイクホルダーとの相互関係を前提とする必要があるからです。これが、内部完結型の「ビジョナリー・カンパニー」などの議論と異なる点です。

多様なステイクホルダーとの相互関係の中で、未来志向（ほしい未来を目指すこと）で民主的に決定された経営理念や哲学は「企業の憲法」とも言えるものとして成立していきます。なぜ未来志向かというと、未来に実現したい社会を想定すると、それは自分一人ではできないことが明確になるからです。ゆえに、対立・競合の最小化に向かっていくと同時に、その過程で価値の共感がなされるため、少なくとも利己的なものにはならず、協働の基礎ができあがりオープンな組織となります。

　第4章でも触れるように、地域においてもオープンネスが必要で、それが地域イノベーションの前提となります。

2. 俯瞰力が多様性を生み出す

　そして企業の憲法である経営理念が成立すると、外部環境から自らの組織を際立たせ、それによって外部環境を俯瞰することができるようになります。この「俯瞰力」を持つことで、組織の内外の多様性を許容できるようになり、縦割りでない、それぞれの事業の相互関係・協働関係などが見えるようになります。あるいは過去に縛られなくなり、既存の思考フレームの影響が減少します。その結果ステイクホルダー間、あるいは情報間の対立・競合を俯瞰できることで、知識創造や資源動員を誘引し、イノベーションの源泉を生み出すことになるのです。

　単一のステイクホルダー、顧客のニーズあるいは単に利潤に反応しないこと。ニーズは移ろうもので、常にリスクを伴います。スティーブ・ジョブズは、「人々はみんな、実際に"それ"を見るまで、"それ"が欲しいかなんてわからないものなんだ。だから私は、市場調査には頼らない。私たちの仕事は、歴史のページにまだ書かれていないことを読み取ることなんだ」と。すなわち、それが未来の解釈です。

　イノベーションにおいても同様です。東京エレクトロン代表取締役会長兼社長・東哲郎氏は「最初はやはりお客さま主導型、お客さま密着型とい

うことではじめました。お客さまの要求をよく聞いて、それについていくやり方ですね。ところがそれだけじゃ厳しい。そこで1つは開発者と技術者に世界一流の環境を与えて、失敗してもいいから、どんどんやらせること。うちもまだまだ足りないけれども、技術者を日本だけじゃなくて、世界に求める考え方も重要ですね」と述べている。お客さんのニーズだけを聞いていても、十分ではありません。

　そこで多様なステイクホルダーを俯瞰することが重要になります。多様なステイクホルダーの要求を聞いていないと社会状況が偏るため、多様なステイクホルダーの要求を聞く中で必然的に自己矛盾しないように俯瞰することが求められます。この点の具体的な事例はサラダコスモの複合的な社会的課題を追求するモデルです。単純単一の顧客だけのニーズを聞き取っていたのでは、俯瞰ができないので、そのためにも、多様なステイクホルダーの意見を聞かなければ駄目ではないかということです。この俯瞰力が環境から個人や組織を俯瞰することを可能にしていきます。そうすることで初めて開かれた組織になっていきます。

　そして、この俯瞰はコラボレーションにおいても重要な役割を担っています。コラボレーションする際にはどのようなところに課題があり、それを解決するためにどこを修正するかという点において重要です。簡単には西洋医学ではなく、東洋医学の視点でみることで、問題の出ている所が問題ではない場合が多いため、従来の対症療法ではなく、その原因を探る必要があり、そのためには俯瞰する必要があります。

3. 分析的枠組みと解釈的枠組み

　俯瞰力と多様性が確立されると、イノベーションのためには解釈的枠組みがポイントになります。多様なステイクホルダーとの対話において重要な視点は、情報を曖昧なままに保持することと、解釈的な枠組みを使うということです。それは、対話が始まるとお互いに言っていることが理解で

きないことが多々あり、それを克服するためには対話を継続することと、曖昧な理解を保持することだということです。多くの人は相手の言っていることをすんなり理解できてしまえば、継続的に対話しようと思いません。つまり、人々は曖昧であり、なおかつ可能性を感じられる情報に引き付けられます。

　我々は知らず知らずのうちに入手した情報を過去の経験あるいはこれまで学習してきた視点や構造で分析していきます。それは、過去の出来事から未来を切り取っていくことで、これまでの延長線上でしか情報を見られないということです。そのような状況では、ステイクホルダーの意見やイノベーションへのつながりを排除してしまう可能性をもっています。これは経営において、過去の成功体験が衰退を招くといわれることと同義です。この点を熊野氏は、「経験だけの人はイノベーションには適さない」と指摘しています。

　多様な解釈・構造フレームを持っている人が組織の内外にいれば、曖昧なものを多面的に解釈できます。それが、イノベーションにつながっていくということです[116]。逆に曖昧でないと、最初から多様な意見が排除され、多様な人々が参加できないということです。つまり決まった解釈しかしないのであれば、参加する余地がない。この点はサラダコスモの事例でも紹介したように、複数の社会的課題を内包したモデルの方が参加しやすいということと同じです。多くの企業で、効率性や利潤最大化といった枠組みでしか参加できなければ、多様な視点を持っている人は去っていきます。

　スティーブ・ジョブスの言葉に「未来に先回りして点と点をつなげることはできない。君たちにできるのは過去を振り返ってつなげることだけなんだ。だから点と点がいつか何らかのかたちでつながると信じなければならない」というものがあります。この「いつかつながる」ということも重要な視点になっていきます。たとえば、たとえ組織内に多様性がなくとも、IKEUCHI ORGANICの池内氏のいう「プロジェクトや事業に人格を持たせる

ことによって、多様な人々を引き付ける」ということによって解決していきます。兵左衛門の浦谷氏のいう「社会の点と点を結びつけることがビジネス」という表現にも合致します。

しかし、分析的な枠組みを捨てよということではありません。ビジネスをするうえですべての情報を保持することはできず、モデル開発段階になると分析的な枠組みが必要になります。したがって、解釈的枠組みと分析的枠組みの両方が必要になります。これは第4章で詳しく触れるキュレーターにも必要なツールとなります。

この考え方を絵画に例えるとわかりやすいので、絵画の描き方を例に説明してみましょう。絵画は具象的手法（写実主義：現実をありのままに写し取る）から抽象的手法（対象とする物事の本質や内面を解釈的に描写する）まで幅広い描き方があります。共にそれらは、現実のモノや風景を切り出していますが、その切り出し方によって多様な描写がありえるということです。しかし、ピカソや印象派も描かれた当時は、すでに確立された描き方や評価と一致しなかったために評価されませんでした。つまり過去の延長線上では新しい描き方を評価できないということです。本書で扱う

分析的取り組み	解釈的取り組み
・プロジェクトに焦点を当てる。開始点と終結点が明確である。	・プロセスに焦点を当てる。継続的で際限がなく、終わりもない。
・問題解決を重視する。	・新しい意味の発見を重視する。
・マネージャーは目標を設定する。	・マネージャーは方針を決定する。
・マネージャーは会議を招集し、関係者間の交渉によって、見解の相違を解決し、曖昧さを取り除く。	・マネージャーは対話を推奨し、異なる見解を許容し、曖昧さに検討を加える。
・コミュニケーションは情報の正確な交換である。	・コミュニケーションは流動的で状況に応じて変化する。
・デザイナーは消費者の意見に耳を傾ける。	・デザイナーは消費者の要望を知るために直観力を養う。
・手段と達成目標は明確に区別され、流行のモデルで関連づけられる。	・手段と達成目標は明確に区別されない。

表3-1 分析的枠組みと解釈的枠組み（出典：Lester, R. K and Piore, M. J（2004）, *Innovation: the Missing Dimension*（依田直也訳『イノベーション：「曖昧さ」との対話による企業革新』生産性出版、2006））

社会も同じことで、我々が見ている社会をどのように切り出すか、どのように捉えるかによって違いがあります。しかし、従来からの確立された手法はイノベーションの創発を制限します。つまり、社会を取り出しビジネスに変換する手法を変えなければならないということです。それを本書では解釈といっています。しかしながら、従来の手法も新しいものを早く浸透させるためには、部分的に利用する、つまりここでは確立された分析的手法を利用することで、イノベーションの理解が進むということです。

このように分析的な手法のみならず、解釈的な手法を活用することで、イノベーションの創発の可能性を高められます。そのためには社会を見ることが重要で、それを具体的にしたものがマルチステイクホルダーということです。

4. 資源動員と参加

最後に、イノベーションを創発する際には最も重要となる、多様な資源の動員について説明していきます。ここでは、ⅰ）人格を与えること、ⅱ）社会的、経済的コードのマイナー利用、ⅲ）プラットフォーム型経営の3つの視点から説明していきます。

4.1. 組織・プロジェクトや商品・サービスに人格を与えること

これは、事業やプロジェクト、製品やサービス、組織に対して効果的なコンセプティングやブランディングがなされると、それが人格となって自ずと必要な資源が集まるという視点です。IKEUCHI ORGANICでも紹介したように、池内氏がよく指摘する視点ですが、つまり先述した組織の理念や哲学を実現する「分かりやすいコンセプト」の提示が、優秀な人的資源やその他の資源を集めるために必要だということです。

もう1つ重要な視点は、多重志向にすることです。人はそれぞれ興味や

志向を持っています。人はその興味などに応じて、参加を決めます。これまでの商品やサービスは単に価格と品質という側面のみに着目した単眼指向でした。しかし、これでは多様な指向の人々を集めることができず、イノベーションが制限されます。ゆえに多面的な側面をもつ商品やサービスを創ること、あるいは、経営者が多様性をもつことで、多様な資源を動員することが可能です。具体的には、社会や地域との関係性、企業家の想いなど、価格や品質以外の側面をもつ多重人格な組織・プロジェクトや商品・サービスに仕上げることが必要です。この段階になって初めて、マーケティングやPRというマネジメントの手法を活用できるようになります。

4.2. 社会的・経済的コードのマイナー利用

　これは、多くの人の「市場的行動・習慣」を利用して、社会的課題の解決に参加してもらったり、「ソーシャル・イノベーション」の創発に参加してもらうという視点です。これは、社会的課題に関心を持たないステイクホルダーの巻き込みに有効な視点であり、社会的課題の解決にビジネスを利用する理由ともなっています。具体的には「市場や株式会社といった制度や公共施設などに問題がある場合、それを否定し、なくしてしまうのではなく、その利用法をマイナーチェンジすること、本来持つ機能を使ってシステムを変えていく手段とすることです」[117]。
　このように既存の習慣等を利用して、社会的課題の解決等に参加するシステムを構築することが必要不可欠です。

4.3. プラットフォーム型経営

　これらの視点をひと言でいうと「理念指向のプラットフォーム型経営」（複数のステイクホルダーのニーズを仲介し、ステイクホルダー間の相互作用を誘発する場を提供するビジネス形態）ということになります。「プ

ラットフォーム型経営」の根幹は「マインドセット」（考え方の基本的な枠組み）と解釈の異質性、異質なものをつなぐこと、そしてキュレーションです。

4　社会にとってよい会社：サステイナブル・カンパニー

　ここまでの議論を踏まえ、社会にとってよい企業の要件を説明します。このモデルのベースとなっているのは、第2章第6節で紹介したパタゴニアであり、パタゴニアのミッションステートメントから発想を得た3つの要件（抑制、警鐘、解決）を活用しています。サステイナブル・カンパニーとは、マルチステイクホルダー指向と経営哲学を前提として、図3-7で説明する3つの要件を3つの要素（関係性、自己組織化、イノベーション）＋4つの視点（オープンネス、俯瞰力、解釈的枠組み、資源動員と参加）から実現したものです。

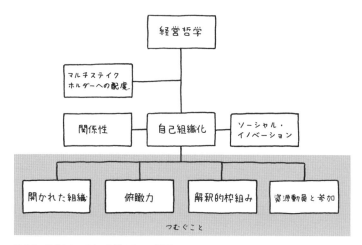

図3-7　社会にとってよい企業の3つの階層

1. 社会的課題の抑制

　社会的課題の抑制とは、極力社会的課題を生まない経営をおこなうことで、マルチステイクホルダーのコンフリクトを最小化することです。この視点は、CSR の 1 つの目の次元と一致します。再掲すれば、それは経営活動のプロセスに社会的公正性、倫理性、環境への配慮を組み込むことです。ただし、社会環境の変化に応じて変化させる必要があります。簡単化すると、社会的課題の生成を抑制する社会システムへのチェンジを意図することです。加えて、フットプリント（商品やサービスの原料調達から廃棄までのライフサイクルの中で、ステイクホルダーへの影響を表したもの）などを利用し抑制していることを情報として明らかにしていく必要があります。

　先にも明らかにしたように、単独の企業での社会的課題の抑制は限られるので、コラボレーションを通じて実行することが求められます。日本企業の場合には、コラボレーション先を育成するという視点が不足しているため、課題となる点です。しかも自立した個をいかに育てるかということが今後の課題となってきます。

2. 社会的課題の警鐘

　社会的課題の多くを認知している人は一握りです。そこで市場あるいは非市場メカニズムを利用して、社会的課題が存在することへの警鐘をならすことが必要になります。市場メカニズムの利用においては、商品やサービスのもつ哲学をストーリーとして伝えることと、市場に流通する商品やサービスとして適正な品質を持っていることです。とくに後者は、環境にやさしいとか、障がい者が作っているとかという以前に潜在的なニーズに適していたり、適正な価格であるということが重要です。その結果、とくに社会課題を意識していない人にとっても、学習機会を提供し、社会的課

題の解決に参加できるツールを用意することが必要となります。

　非市場メカニズムは、伝統的な社会運動や行政の施策とコラボレーションしていくことです。この点も日本企業の場合にはなかなか円滑に進んでいない点です。先にも述べたように社会にとってどんな素敵な商品やサービスが台頭しても、それを消費する生活者が存在しなくては何もなりません。現在の行政でいえば、消費者行政がそのような課題にアプローチできます。このような視点から京都市ソーシャルイノベーション研究所（以下「SILK」と表す）は、京都市と一緒に、ソーシャル・プロダクトを普及させる「MAKING OUR MARKET KYOTO 2015」[117]を開催しました。日本では熊本市や名古屋市が取り組んでいるフェアトレードタウンなども有効な方法となります。

3. 社会的課題の解決

　最後の社会的課題の解決は、抑制と連動しながら既存の社会的課題を解決することです。このポイントは、対症療法ということになります。この視点は、CSRの2つ目の次元と一致します。つまりソーシャル・ビジネス、

1. 社会的課題の抑制	
内容	マルチステイクホルダーのコンフリクト
事例	人権、環境などに配慮した経営スタイルの実行を通じたイノベーションの創出など（CSRの第1次元）
2. 社会的課題の警鐘	
内容	社会的課題の認知を拡大すること
事例	品やサービスを通した啓蒙活動および社会運動やNPOの支援を通じた啓蒙活動の実施（CSRの第2次元）
3. 社会的課題の解決	
内容	現出している社会的課題を直接・間接的に解決するためのビジネスの創出
事例	ソーシャル・ビジネス、BOPビジネス、コーズ・マーケティングなど（CSRの第3次元）

表3-2　サステイナブル・カンパニーの3つの次元

BOPビジネス、コーズ・マーケティングなどです。ただし、市場から零れ落ちる社会的課題を解決することは簡単ではありません。ここでもコラボレーションという視点、そして上記の2つを内包するという視点が重要です。

　3つの要件をまとめると表3-2のようになります。これはCSRの3つの次元を再編成したものです。このようにサステイナブル・カンパニーとは、この3つの要件に同時に取り組む経営スタイルをもつ企業のことです。

101．伊丹敬之・加護野忠男（2003）『経営学入門第3版』日本経済新聞社

102．http://www.hitozukuri.or.jp/jinzai/seisaku/81sien/01/15/onestep.pdf

103．大室悦賀他（2013）「ソーシャル・イノベーションの普及と社会的責任投資」『日本経営学会誌』31号、pp.39-49

104．鷲田清一（2015）『しんがりの思想』KADOKAWA

105．Christopher, M., Payne, A. and Ballantyne, D.（1991）, *Relationship Marketing*, Butterworth Heinemann.

106．http://www.ryutsu-shisatsu.com/article/14350547.html

107．厚東偉介（2011）「経営哲学における文明の以後と概念」『早稲田大学商学』427号、pp.60-90

108．たとえば、Baro, S. and et al（2010）, *Relationship Marketing*, SAGE（井上崇通他訳『リレーションシップ・マーケティング』同友館、2012）

109．楠木建（2010）『ストーリーとしての競争戦略：優れた戦略の条件』東洋経済新報社

110．米国マーケティング協会定義

111．福田敏彦（1990）『物語マーケティング』竹内書店新社

112．http://www.apsp.or.jp/about_sp/121

113. 鷲田清一（2015）『しんがりの思想―反リーダシップ論―』KADOKAWA

114. Antonovsky, A. (1987), *Unraveling the Mystery of Health: How People Manage Stress and Stay Well*, Jossey-Bass Publishers（山崎喜比古（2001）吉井清子監訳『健康の謎を解く―ストレス対処と健康保持のメカニズム』有信堂高文社、2001）

115. http://business.nikkeibp.co.jp/atcl/opinion/15/200475/050700050/?P=5

116. Lester, R. K and Piore, M. J（2004）, *Innovation: the Missing Dimension*（依田直也訳『イノベーション：「曖昧さ」との対話による企業革新』生産性出版、2006）

117. 谷本寛治（2002）『新版企業社会のリコンストラクション』千倉書房

118. https://social-innovation.kyoto.jp/spread/475

CHAPTER

04

サステイナブル・カンパニーを支える地域づくり

ここまでは、企業が社会的課題を解決する／生まない経営を推進しようとしても、企業単独では厳しいことを指摘し、多様な主体とのコラボレーションが必要と述べてきました。サステイナブル・カンパニーを育むためには、地域の支援のあり方を変える必要があり、ここからはその支援や地域のあり方とはどのようなものなのか、を説明していきます。ここでのポイントは、先に述べた社会的課題を解決する／生まない経営の要件を地域経営に当てはめることです。とくに行政としてどのような点に配慮すべきなのかを解説しておきます。

01
多様な主体が参加、成長する場

　社会的課題を解決する/生まない経営を支援する地域経営には、ⅰ）あらゆる主体が自己組織化、あるいは自己変革できる「場」、ⅱ）その場を具現化した「ソーシャル・イノベーション・クラスター」、ⅲ）コラボレーションするために必要な「共有する未来像」、ⅳ）クラスター資本の形成の4つの視点が必要です。

1　発幸場

　本構想は先に述べたように寺田本家の提唱する「発幸場」という発想がベースになっています。この発幸場という発想は、自然環境を含めたすべての人・モノが役割を持ち、それを最大限発揮することで豊かな未来を構築するというものです。その背景には「心理的安全性」と「役割」の2つがあります。この心理的安全性と役割の関係は、心理的な安全があって初めて他人と違ってよいという差異化した自分を表現することができ、本当の差異化できる舞台が整い、それぞれが自己実現欲求と個人の役割を同時に担えるようになっていくということ。ここでのポイントは自己組織化を図れるような役割を担う必要があるということです。そのためにはマズローの欲求5段階説にいう自己実現欲求を実現できることが重要です。

　この心理的安全性は、チームの生産性を高める視点として注目され[119]、地域においても同様に生産性を高めます。その安全性が確保され、自分を表現できる場が存在すると、そこには「うれしいな」「楽しいな」「ありがたいな」という感情が湧き出て、自分の環境を活かす、役割を果たしたい

という発想に変わり、自己実現欲求と一緒に新しいものを吸収、創造する空間が生まれます。もし不安であれば、構造化して閉じたシステムとなり、俯瞰した視点から社会を眺めることができず、自分自身のことしか視野に入らない利己的な役割しか果たせなくなります。その安全性や役割を支えるのが哲学です。これは、先に説明したSOC（首尾一貫性）のベースとなる視点で、首尾一貫した場が形成される必要があり、その場の存在が人を活かし、成長させます。

あらゆる個人・主体が役割を持つ場では、企業だけが、行政だけが、NPOだけが社会的課題にかかわるのではなく、生活者が社会的課題にかかわる必要があるからです。そこではそれぞれの自己実現欲求と役割を認識した上で、社会的課題を解決する、あるいは生まないという、つなぐ地域経営に意識せずとも参加することがポイントになります。そのような視点で見ると、各主体が自己組織化すること、各主体がコラボレーションする場をエコシステム（SI 6.0）と呼び、未来像によってマネジメントされる場が構築されることが必要となっています。そのような場を創発していくことを目的にソーシャル・イノベーション・クラスターという発想や理論の利用を考えていきました。それが第2項と第4章第2節で説明する「京都市ソーシャル・イノベーション・クラスター構想」です。

2　ソーシャル・イノベーション・クラスターとは

これらのエコシステムを実現するために、ソーシャル・イノベーション・クラスターという理論の枠組みを利用します。そもそもソーシャル・イノベーションを生み出していく地域でのまとまりをソーシャル・イノベーション・クラスター（social innovation cluster）と呼びます。クラスター（cluster）とは、似かよった人やモノが集まっている様を意味しています。ソーシャル・イノベーション・クラスターとは、初めから存在するわけで

はなく、地域の未来像の実現を中心に、関係する主体が関心をもって集まり、社会的課題を解決する／生まない新しい事業にかかわっている状態を指します。

　ソーシャル・エンタープライズ、企業／NPO、中間支援組織、資金提供機関、大学・研究機関、政府・行政など地理的に近接する主体が地域の未来や社会的ミッションに共感して集まり、協力的かつ競争的な関係を構築することによって、社会的課題に新しい解決方法や新しい社会的価値を生み出し、新しい社会的事業を形成していく組織の集積状態をいいます。そうしたソーシャル・イノベーション・クラスターのイメージを表したものが図4-1です。ここでは、社会的課題の解決を目指して、セクターや専門領域を超えて多様な主体が交流することを通して、新しいソーシャル・イノベーションを生み出していくことがポイントとなります。未来や特定の社会的ミッションに共感する多様な考え方や価値をもった人々や組織が集まり、相互に関係することで、新しいイノベーションが生まれます。

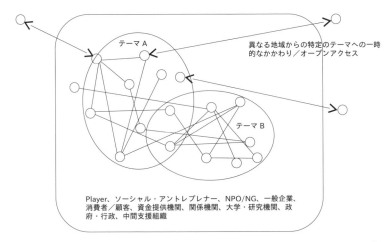

図4-1　ソーシャル・イノベーション・クラスター（出典：谷本他（2013）『ソーシャル・イノベーションの創出と普及』NTT出版）

ここでポイントになるのが共感です。その理由は、ⅰ）共感が違いに順応する道具であり、ⅱ）主観的なものであり、行為の動機が共感をベースとした欲求や情念だからという2つです。これは、共感が相互の違いに適用を創出し、行為へと導く、ということです。そして共感から生じるのは、単なる他者への同情にとどまるものではなく、さらに広い感情もしくは価値観の共有です。その結果コミュニケーションが生まれると考えています[120]。一方で価値は、「個人や集団に特有な願望の概念であり、利用可能な行動の様式、手段、目的の選択に影響を及ぼすものである」または「特定の行動のありようや存在の究極の状態が、反対のそれらよりも、個人的あるいは社会的に好ましいとする、持続的な信念である」などと様々に定義されています。現在的には価値とは永続的な目標として、行動の動機づけや評価、選択に影響を及ぼす生来的な願望を言語的に表明したものであるといえましょう[121]。価値はこのように願望や信念に基づくものであり、既存の文脈、あるいは過去の経験の影響を受けやすいものです。その結果、違いを際立たせ、順応とは逆の動きを導きます。そこで、本書ではダイナミックで、価値観を含む概念として共感を使っています。

　上記をまとめると、ソーシャル・イノベーション・クラスターの特徴は、マルチステイクホルダーを前提としたⅰ）領域を超えた関係性、ⅱ）オープンアクセス（クラスター内外の主体との相互関係性）、ⅲ）共感性にあります。この特徴がサステイナブル・カンパニーやソーシャル・ビジネスの特徴として示した模倣性を促し、組織と地域のあり方の変容を促します。たとえば1つのアイデアが、他の社会的課題の取り組み（ビジネス）に応用されたり、ソーシャル・イノベーション・クラスターの形成によって、ソーシャル・イノベーションという概念が使われ、受け入れられていくようになると、地域社会の企業や生活者の価値や意識変化が起こっていきます。これら価値の変容が社会的課題の解決の源泉であり、従来のクラスター論やネットワーク論では、カバーされないものです。

　このソーシャル・イノベーション・クラスター（SI 5.0）は、サステイ

ナブル・カンパニー（SI 4.0）の誕生を支援する役割と同時に社会的課題を生まないエコシステム（SI 6.0）を形成するための呼び水としての役割をもちます。

　ソーシャル・イノベーション・クラスターは、本章第2節で見るようにゆるやかに広がり、変化します。ある特定の分野に限定されず、領域横断的な特徴もみられます。それ故に、クラスター概念としてはあいまいな面がありますが、ソーシャル・イノベーションの創発や普及においては、異なる領域のビジネスモデルや仕組みが参考になったり、異なる領域の主体が互いに協働しあう関係が存在できます。

3　共通する未来像

　そのためには、地域経営の中核となる理念、ここでは未来像をつくり、共有することが重要となります。ラッシュの事例で見たアメーバ型組織と同様にイノベーティブであり、かつ集合的成果を生むために必要な要素です。その目的は自己組織化する人や組織の集合体であり、その自己組織化の根源は差異化、つまり多様性にあります。企業やNPOの多様性はもちろん、行政の多様化も必要です。都道府県と政令市という二重構造も、考え方によっては多様性を担保できる可能性を秘めています。さらに、生活者の指向／思考の多様性も必要です。

　一方で、多様性は多様な社会像を生み出しますが、個々が勝手に行動してしまうか、結果として権力や力を持っているところに集約される可能性をもっています。また、それぞれの組織や個人が単独で、その欲しい社会像を実現することは難しいか、あるいは時間がかかります。結果としてイノベーションを阻害します。

　そこで、コントロールはせずに、何らかの共通する社会像を持つ必要があります。共感できる社会像をもつことが重要です。その中で各自、各組

京都市発幸場構想（ソーシャル・イノベーション・クラスター構想）の目的
「未来共創都市・京都」の実現 ⇒京都市基本構想（2001-2025）に掲げられた未来を実現する。 （京都市基本構想に記載されている未来） ・社会や様々な世代間に信頼が再構築された未来 ・過度の競争や効率性を回避し、調和した社会が構築された未来 ・画一的な価値観やそれに伴う東京一極集中などの社会経済情勢から脱却した未来 ・互いの技術にも企業文化にも厚い信頼を置き、相互にきめ細かく支え合う産業連関都市が再生された未来

表 4-1　京都市基本構想の掲げる未来

織が自己組織化できる環境が必要となります。そこで初めて、行政、企業、NPO、個人の主体間のコラボレーションが生まれてくるということです。共通する未来像は、具体的過ぎず、かつ抽象的すぎない、それぞれが望む幸せなどの抽象的、主観的な未来像をつくる必要があります。この成果は第2節で説明します。

京都市の事例でいえば、表4-1のような未来像を掲げ、2025年までの達成を図ろうとしています。それを具現化する装置が京都市ソーシャル・イノベーション・クラスター構想です。

4　クラスター資本

そして、このクラスター構想を構成・機能させるのが、イノベーションのところで紹介したクラスター資本です。クラスター資本とは、信頼（社会的関係資本）＋生き方＋共感力＋未来像の4つの要素からなり、ダイナミックに変化できるクラスターや地域を支えます。特に本構想においては、生き方が重要なポイントになっています。

この生き方には、ⅰ）地域の生き方を共有し、ⅱ）個人の生き方を尊重するという2つのポイントがあります。地域の生き方とは、表4-1のよう

なその地域が持っている価値観や歴史観を活かすという視点と自己実現欲求の2重構造です。地方創生というとどうしても新しいものを意識しますが、海士町が「ないものはない」といったキャッチフレーズで表しているように、地域の持っているものに新たな意味や視点を与えることは重要ですが、過去の価値を無視することは危険です。このような意味で、ソーシャル・ビジネスの特徴の模倣性は、完全なコピーではなく、地域の生き方に合わせて有効なモデルに修正していくことが重要です。

　もう1つの生き方が個人で、個々の生活者が生き方をもち、自立している状態です。現代社会ではこちらの方が困難を伴います。それはここまでも述べたように、資本主義に巻き込まれているため、自分の生き方あるいは個を確立することが困難な状況です。この点から、クラスター構想は身近なところに個を確立している人が多くいることを見せていくしかありません。その具体的な手法として、マインドフルネス（気づきを得ること）を活用することも重要になっています。それは、個の確立と同時に、利己要求が強いとコミュニケーションを阻害するため、地域経営において欠かせない視点となります。このあたりも第2節で説明していきます。

　次節では、このようなクラスター資本をどのように創出しようとしているのか、その試みを説明していきましょう。

02
京都市ソーシャル・イノベーション・クラスター構想

　ここからは、ソーシャル・イノベーション・クラスターを具体化した京都ソーシャル・イノベーション・クラスター構想について説明していきます。この構想のコンセプトは、「京都で次の 1000 年をつくる企業をつくる」です。この構想は、想定する未来を実現するエコシステムの構築を目的としたクラスターを京都で創っていく社会実験で、そのプロセスは図 4-2 のような姿を想定しています。

　この構想のもう 1 つの目的は、京都市が社会実験をおこない、よい成果が出れば他都市も模倣することができるようにし、多地域でソーシャル・イノベーションを展開できるようにすることです。その理由は行政システムが新規事業に取り組みにくく、他都市がおこなった事業は比較的取り組みやすいためです。熊本県水俣市では 2016 年より「四方よし（売り手よし、買い手よし、世間よし、未来よし）クラスター」の形成を進めています。

1　コンセプト・組織

　京都市ソーシャル・イノベーション・クラスター構想は、京都市長が推進すると 2014 年 12 月に発表しています。しかし実施主体はなるべく行政の関与を小さくするために、公益社団法人京都市高度技術研究所（外郭団体）内に、独立機関として京都市ソーシャルイノベーション研究所（Social

Innovation Laboratory Kyoto:SILK）を設置し、その研究所が担うという形式をとっています。この理由は、ここまで説明したように、行政が担うと、構造化された意思決定システムによって、またスタッフの自己組織化を阻害してイノベーティブなものにならないことを回避するためです。一方で、地方におけるエコシステムの中心は行政であるため、行政は発案者として位置づけています。

　組織は、所長、事務局長、イノベーション・キュレーター（創業支援）、イノベーション・コーディネーター（イノベーションを創発する種を探し、創出に向けてコーディネートする）、コンシェルジュ（研究所の事務およびキュレーション）と京都市の担当者、および外部からクリエティブ・ディレクター（太刀川瑛弼：NOSIGNER 代表）、イノベーション・キュレーター塾塾長（高津玉枝：株式会社福市代表取締役）、アドバイザー（井上英之：一般社団法人 INNO-Lab International 共同代表／慶應義塾大学大学院特別招聘准教授）、コミュニティ・オーガナイザー（桜井肖典：一般社団法 RELEASE; 共同代表）という構成となっている。外部から専門家を選任した理由は、日本国内はもとより、世界に対して発信するためであり、それができる人を人選しています。

2　構造

　基本的な考え方は、SILK が主体ではなく、補完あるいはサポートする立場であり、自ら事業をおこなうというスタンスはとりません。その理由は2つあります。第1にはオープン・イノベーションの時代にあって外部との相互関係を考慮する必要があり、そのためには SILK が黒子だと明言しないと、従来の中間支援の流れからどうしても上下関係あるいは依存関係を創り出してしまということ。第2には、基本的に地域は生活者が支えるもので、中間支援者が支えるものではないということです。この2つが後

段で説明するように1年間で大きな成果を生んでいます。

　この構想は、発幸場を実現するために、寺田本家が酒蔵であることに鑑み、酒桶をイメージしながら、立板と箍（たが）、そして底板から構成されています。立板は京都の民間事業者の皆さんが実現したい未来に到達するために必要と思う事業を展開してもらっています。箍（たが）は京都市と民間事業者がコラボレーションし、京都市という組織にもソーシャル・イノベーションを導入するきっかけとなる事業を展開していきます。底板はSILKで、上記2つのサポートと事務局を担っています。

　組織構造としては、ラッシュの組織構造を模倣しています。具体的には、理念あるいは未来像に従って、個々人がそれぞれ自由な発想で行動することとしており、所長や事務局長はアドバイザーとして存在しているだけです。まさにアメーバ型組織となっています。

1. 立板

　立板は基本的に民間の事業者が本構想を共有し、それぞれの人たちが本構想を実現するために必要と思う事業を自由に展開してもらっています。本構想の肝はここにあります。この考えは、アメーバ型組織を地域に拡充したものです。その理由は、SILKや行政が事業や施策をつくるのではなく、地域の事業者や生活者が、本構想に共感いただき自発的に事業を展開してほしいという想いからです。その背景には、現在の社会背景やオープン・イノベーションという前提があり、イノベ―ティブな事業はこのような環境ではないと生まれないと考えているからです。ゆえにイノベーション・コーディネーターは御用聞きをして、事業者や生活者がもっているシーズをビジネスに孵化させる役割を担います。例えるならば、彼らが現代の近江商人だということです。

　具体的には、第1に社会的企業やソーシャル・ビジネスを担う企業、そして社会的課題を生まない経営を展開したい企業などをトータルで育成す

る経営支援機能、第2に「食」をテーマにしたソーシャル・イノベーションの推進です。

第1は、「社会的起業家の輩出」「若手起業家の育成」「中堅企業家の第二創業支援」「経営支援、活動拠点の紹介」など、起業前の若者から中堅企業まで、社会的課題の解決に挑戦したい全ての人々を対象に、ソーシャル・ビジネス企業の支援者によるビジネスプランコンテストや連続講座、異業種交流会など多様な経営支援を実施していきます。ここでのポイントは生活者がマイクロビジネス（小さな資金で、サラリーマンと同程度の収入を作り出す小さなビジネスのこと）を創業してもらうことです。特に女性が家族を持ちながら、マイクロビジネスを立ち上げることができるように支援しています。具体的には、小さなお子さんをもつ主婦が留学生を支援するビジネスを立ち上げました[122]。

第2は、「KYOCA」（京都市下京区朱雀正会町）を「食」に関するソーシャル・イノベーションの拠点としたいという事業者の参加によって、ソーシャル・ベンチャーのインキュベーション施設として活用できるよう支援します。具体的には、食を通じた障害者雇用の推進拠点、理念型経営を学ぶ拠点となっています。

今後はこの立板の部分が増加していくことで、民間が中心となって京都市基本構想を実現する道筋ができていきます。

2. 箍（たが）

箍（たが）は、主に京都市と民間事業者がコラボレーションし、立板を横でつなぎ、支援することで相乗効果を高めるために、そして、京都市役所内部に考え方を導入するために、次のような4つの機能をもっています。この機能は、本構想を見える化するための機能（企業認定事業）、京都市の政策として必要な2つの機能（イノベーション・キュレーター塾、Release;）、そしてすでに民間事業者がおこなっていた事業（京都流議定書）です。第1

支援パートナー（順不同。平成28年4月現在）
京都市／京都府／京都商工会議所／京都銀行／京都中央信用金庫／京都信用金庫／日本政策金融公庫／フューチャーベンチャーキャピタル㈱／READYFOR㈱／京都試作センター㈱／㈱ウエダ本社／㈱福市／㈱サステナ／㈱ヤラカス館 SoooooS.カンパニー／公益財団法人 信頼資本財団／一般社団法人 京都ソーシャルビジネス・ネットワーク／一般社団法人 オープン・ガーデン／京都CSR推進協議会／NPO法人 グリーンズ／NPO法人 ミラツク ※今後、上記のパートナー以外にも参画を呼びかけ、サポートの輪を広げていきます。

表4-2　支援パートナー

は主に京都市の事業になっていますが、第2から4はすべて民間事業者とのコラボレーションです。

　第1には企業認定制度の創設で、社会的課題を解決する/生まない経営に取り組む企業を認定し、企業にとって大きな後押しとなる社会的信用（ソーシャル・プルーフ）を付与することにより、企業の成長と発展を支援していきます。認定企業は、京都市内外問わず、様々な支援者から低利の融資制度や起業活動拠点の家賃優遇などの支援を受けることなどを想定しています。本構想のコンセプトを実現する企業を選定していきます。しかも、認定で終わるわけではなく、認定後も表4-2のように京都市内外の支援機関（行政、金融機関、ファンド、商工会議所、クラウドファンディング事業者など）がそれぞれの機関の特徴やネットワークを生かした支援をしていきます。この点も本事業の特徴です。

　2015年度第1回「これからの1000年を紡ぐ企業認定」は、株式会社 和える、IKEUCHI ORGANIC株式会社、株式会社 坂ノ途中、有限会社 シサム工房、株式会社 食一、Dari K株式会社の6社となりました。

　第2にはイノベーション・キュレーターの育成で、企業経営における社会的な意義をともに考え、社会的活動がビジネスとして継続できるよう、中長期的な観点から助言する新しい形のコンサルタントである「キュレーター」を育成します。今後、ますます多くの社会的課題を解決する/生まない企業を輩出し、育てていくために必要な存在として位置づけています。また、企業を支援している支援機関や金融機関をはじめ、一般企業や行政

で働いている方にも参加していただき、企業や行政を内部から変革するスキルを身につけてもらう場にすることも想定しています。本事業は、株式会社福市（大阪市）代表取締役高津玉枝氏を塾長に迎え、SILK が中心となって展開している事業です。

　第 3 にはビジネスアイデア学習プログラム「RELEASE;」の充実で、社会的課題に関心を持ち「何とかしたい」と考えている大学生や若者、新たな手法を模索する行政、社会貢献という視点で新たな事業展開を図る企業の 3 者が集い、意見交換会や現地調査等を経てビジネスアイデアを練り上げる取り組みを充実させていきます。この事業は、社会志向型の生活者の育成を目的に設置され、近年ではフューチャーセッションの拠点ともなっています。コミュニティ・オーガナイザーとして参加いただいている一般社団法 RELEASE; 共同代表桜井肖典氏を中心に展開している事業です。

　第 4 には株式会社ウエダ本社が実施する「京都流議定書」[123] とコラボレーションし、社会的課題を解決する / 生まないことに興味のある個人・法人が交流できるイベントを開催していきます。加えて、社会的課題を解決する / 生まない企業に人的資源を提供するために、学生・社会人に対して合同説明会のようなイベントの開催も想定しています。

3. 底板

　最後になりますが、底板は、後段で詳しく説明する「京都市ソーシャル・イノベーション構想」に係る事務局およびコラボレーションのコーディネーション、京都市以外からの企業誘致の 3 つの機能を担う SILK です。

　第 1 には、総合計画・調整、支援機関等と連携しながら、「認定制度」を運用するとともに、各種支援制度の創設・運用に取り組みます。第 2 にはコーディネーションで、京都市において、地域、企業、NPO、行政などとコラボレーションしたいという組織に対するコーディネーション機能です。第 3 には、本構想の特徴的な機能である市外の企業を誘致し、場を育

成するという視点です。これは、市場が、結果として消費者が存在しなければ成立しないので、企業育成と同時に、消費者を育成するために、実績ある企業を誘致しています。これまでも、IKEUCHI ORGANIC 京都店や和える京都店の誘致に成功しています。

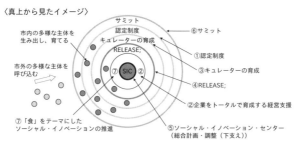

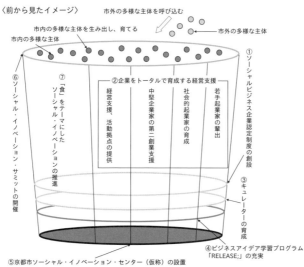

図4-2　京都市ソーシャル・イノベーション・クラスター構想イメージ（出典：「京都市ソーシャル・イノベーション・クラスター構想」記者発表資料）

3　成果

　ここでは、2015年4月にスタートしたSILKの事業およびコンセプトの変更点と成果について説明しておきます。

1. 変更点と実績

　上記の構想は、2015年4月からスタートしました。スタートに当たって、NOSIGNER代表の太刀川瑛弼氏にクリエティブ・ディレクターに就任いただき、彼と一緒に構想を具体的なものに作り直しています。上記の立て板、箍（たが）、底板は、学び育つ場（京都ソーシャル・イノベーション学校）、つながる場、広がる場という3つに区分し直しました。その理由は、図4-2がソーシャル・イノベーション・クラスターを構築するために必要な機能を明示しているのに対して、SILKの設立以降はわかりやすさ、参加しやすさを優先するためです。

1.1. 学び育つ場（京都ソーシャル・イノベーション学校）

　この場は、ビジネスをつくるダイアログ（事業相談）、イノベーション・キュレーター塾、社会（化）見学（コラボレーションの創出を目的に開催）、京都スタートアップカレッジ（主体：フューチャーベンチャーキャピタル）、A-KIND塾（主体：信頼資本財団）の5つから構成されています。前者3つは本研究所の主催事業ですが、イノベーション・キュレーター塾に関しては今後独立組織として展開していきたいと考えています。後者2つは、外部の民間組織が運営し、SILKが支援する形をとっています。イノベーション・キュレーター塾は初年度16名が参加しています。社会（化）見学は3300名が参加しています。京都スタートアップカレッジは、30名が参加し、実際に2社が起業し、2社が起業準備中です。その他にも、ソー

シャル・イノベーションをテーマとする講座を開設する京都の大学（京都大学、京都工芸繊維大学、同志社大学、京都産業大学、龍谷大学、大谷大学、京都造形芸術大学、京都精華大学、京都経済短期大学など）が増加しています。カリキュラムの企画からかかわっている京都工芸繊維大学、ソーシャル・イノベーション・サミットを共催した同志社大学、事業実施を支援した実績のある NPO 法人グローカル人材開発センターなどと京都市の連携が進んでいます。

1.2. つながる場

　この場は、京都市内の企業ネットワークづくり、ソーシャルイノベーション・サミット、企業誘致（3 社、2 社交渉中）の 3 つから構成されています。この中でもソーシャルイノベーション・サミットは全国から参加いただき、京都の取り組みを知ってほしいことと、全国でも多様な取り組みをおこなっているので、それらを知る機会を通じて、面としてソーシャル・イノベーションが取り組まれるようにしていきたいと考えています。2015 年のサミットには自治体、企業、NPO、地方活性化に取り組む団体など 202 名が参加しました。2016 年のサミットは 250 名定員を超えて、締め切った状態です。

1.3. 広がる場

　この場は、これからの 1000 年を紡ぐ企業認定、Release;、ソーシャルプロダクトマップの 3 つから構成されています。ここまで十分に説明していない事業が Release; とソーシャルプロダクトマップですが、両社とも民間事業者の発案でおこなわれているものです。Release; は先に紹介した桜井氏を中心に 2013 年に京都市の助成を受けて始めたもので、社会指向型生活者を育成する目的で、本書で事例として紹介した企業と京都市内の大学

生が、望む未来を実現する経済へとシフトするための産官学民ビジネス共創プロジェクトです。各セクターに持続可能な社会および経済への行動変容を促し、ビジネスによって理想の未来をデザインしていきます。2013年からのプログラムには、全国30大学46学部53学科、延べ3000名以上が参加しています。

ソーシャルプロダクトマップは、京都市の助成を受けてソーシャルプロダクトを普及させる会（代表：扇沢友樹｜株式会社めい）が125事業者を掲載し、2014年3月に初版を発行しています。この目的は、ソーシャルプロダクトの販売事業者の支援および京都市内のソーシャルプロダクトの可視化でした。このマップは、学生がインターシップ先を探すツールや海外からの観光客が利用するなど予想外の使われ方がされています。このような成果を踏まえ、2016年1月に第2版（152事業者）を発行しました。さらに現在（2016年8月）では、200事業者が確認できています。

2. ソーシャル・イノベーション・クラスターの広がり

次に2015年4月にスタートしたソーシャル・イノベーション・クラスター構想の広がりについて、1年間の軌跡を簡単に説明しておきます。具体的には図4-3のようにそれぞれの領域で様々な広がりが確認できます。

ここでの成果は2点あります。第1にはソーシャル・イノベーション・クラスター構想とそれを推進するSILKを設置した結果、京都市がどこへ向かおうとしているのかが可視化され、それにともなって様々な主体が可視化できたことです。第2には第3章までに説明したように、行政によるコントロールではなく、生活者や企業からの主体的な動きを促進した結果、想像もしなかった動きが頻発しているという事実です。当初の想定以上に加速度的に広がっています。

サステイナブル・カンパニーを支える地域づくり 223

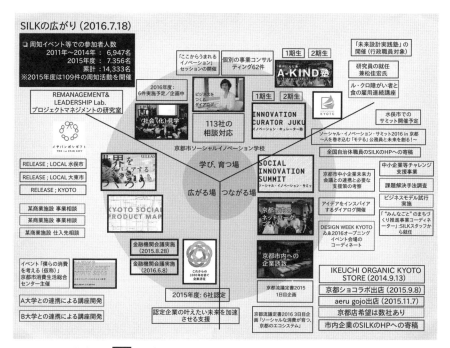

図 4-3　SILK の広がり　※□部分が設立当初の事業。その他は 1 年間の広がりを示す。

2.1. 学び育つ場

　ここでは、既存事業の深化とともに、新たな塾やプログラムなども立ち上がっています。具体的には信頼資本財団の主催により、2016 年から未来設計会議と未来設計実践塾の 2 つが事業化されました。未来設計会議は大学生を対象に、これまでの歴史を読み解き、社会分析、未来予測をおこない、これからの社会で求められる仕事を知るためのプログラムです。未来設計実践塾は【志民】が理想社会の実現に向けて実行しやすい社会的環境の基盤を作る新時代へのマインドシフトと、未来設計の実践のため、構

想・構築・実践という事業開発スキルを学ぶ、行政職員を対象とした塾を開塾しました。

　今後の展開としては、アドバイザーの井上氏が立ちあげた「マイプロジェクト」を高校生向けに展開していく予定です。「マイ・プロジェクト」は、高校生「自身」が感じる課題に対してアクションを起こすあなたのプロジェクトのことで、社会的課題等を解決する小さなプロジェクトを起業していくものです。これはこれまで大学生以上に対して様々な事業を展開してきましたが、高校生以下へのアプローチがほとんどなかったため、このような事業を支援しながら作っていきます。

2.2.　つながる場

　ここでも、既存事業の深化とともに、新たなつながりが増加しています。具体的には、ソーシャル・イノベーション・サミットも2016年には熊本県水俣市と京都市との2か所で開催されます。その他にも京都市内の産業組合などとも連携が始まりました。また、京都でデザインウィーク「Design Week Kyoto ゐゑ 2016」を通して、伝統的なものづくり企業との連携も始まっています。

　一方で学ぶ場とも関係しますが、既存の産業支援機関とも連携が始まっています。具体的には、既存の産業支援機関では扱い難い相談案件は、SILKに相談するように伝えていただいています。これによって、これまで支援ができなかった案件、こぼれ落ちていた案件にも対応できるようになり、具体的な成果も出始めています。

2.3.　広がる場

　ここでも、既存事業の深化とともに、新たな広がりが創出されています。具体的には、京都市市民文化局との共催でソーシャルプロダクトを生活者

に普及させる「MAKING OUR MARKET KYOTO 2015」を実施したり、これまでほとんどかかわりのなかった大手百貨店とのコラボレーションの話が進んでいます。また、Release; 事業も他の地域で展開がなされています。そして、これまで関係がなかなか作れてこなかった京都市内の大手企業とも京都CSR推進協議会（会長：明致親吾）で連携し、本構想を推進しています。このように、あらゆるステイクホルダーに対して、徐々にかかわりを持ちながら、本構想の考え方を伝える場を設けていきます。

また、京都の1つの特徴として多くの大学が狭い地域に密集して存在していますが、先に紹介したようにいくつかの大学でソーシャル・イノベーションにかかわる講座やプログラムが表4-3のように開設されています。

設立	大学名（学部・研究科名）	内容
国立	京都大学大学院医学研究科	社会免疫学領域に「ソーシャル・ビジネス」を開講
	京都大学経営管理大学院	「ソーシャル・イノベーション事例研究」を開講
	京都工芸繊維大学	デザインと情報工学の大学院の領域を横断した授業として「ソーシャルインタラクションデザイン」を開講
私立	同志社大学総合政策科学研究科	博士前期課程としてソーシャルイノベーションコースを設置
	同志社大学経済学部	ビジネスコンテスト「新しい価値創造グランプリ」を開催。社会起業家の育成を視野に
	京都産業大学	PBLにより地域社会で活躍する人材を育成するNPO法人グローカル人材開発センターを設置
	京都産業大学経営学部	ソーシャル・マネジメント学科を設置。「ソーシャル・ビジネス」を開講
	龍谷大学	「京都式ソーシャル・ビジネスリーダー育成事業」を開講
	大谷大学	「地域政策学コース」を開設。ソーシャル・ビジネス等について学ぶ演習を設置
	京都造形芸術大学	ソーシャルデザインインスティテュートを開設
	京都精華大学	ソーシャルデザイン・プログラムを開設
	京都経済短期大学	「ソーシャルビジネスコース」を開講

表4-3 本構想と大学の関係（出典：京都市作成資料より加筆・作成）

03
行政の役割

　ここでは本構想の実現および研究所を支援する i) 行政に期待すること ii) 京都市の役割について説明します。

1　行政に期待されること

　では、サステイナブル・カンパニーやこのような構想を実現するうえで「行政の役割」がどうなってくるのかというと、i) 未来を擦り合わせること、ii) 行政の経営革新、iii) 社会志向型の生活者を育成していくことの3つのポイントがあります。これらの3つを実現することで、新たな経営スタイルの企業、行政と地域を創出します。

　ここで最も重要な視点は、多様性を維持するために行政がどのような役割を担うのかということです。基本的に組織は構造化に向かい同質的な構造を持つようになりますが、そのような慣性の中で差異をどう作っていくかという点が、行政のもっとも重要な役割になります。具体的には、生活者や企業に差異化を気づかせるための施策、差異化を作り出す異質な人や企業を誘致したり、育てたりすることです。2016年度のソーシャルイノベーション・サミットのテーマである「人を巻き込む『モテる』公務員と共に未来を創る！」も、組織内に多様性をつくる試みです。

　そのためには、何度も説明したように組織内部の多様性を維持することで、その他にも行政も理念型経営をベースに、オープンな組織とならなければなりません。この点をベースに3つの視点を説明していきます。

1. 行政の経営革新

　第1には、基本構想に基づき行政の経営を革新することで、行政も理念型経営に転換する必要があります。第1章でも指摘したように、行政の経営も効率性によってゆがめられたものになっているため、未来を構築するプレーヤーとして未来を実現するための意思決定を順守することが重要になります。具体的には、本書で示した経営理念（行政でいえば基本構想／計画）をベースとした組織構造に転換することと、意思決定基準の変更です。

　後者は、意思決定の基準に理念を反映させ、主観的な意思決定を可能にすることが重要です。たとえば、行政が社会に貢献する企業から、物品やサービスを優先して調達するといったことです。しかし、基礎自治体は、国の出先機関としての役割を持つために、すべてを理念型に転換できるわけではありませんが、なるべく多くの領域で転換が求められます。そのような意味で真の地方分権が求められると同時に、政府も理念型経営に転換する必要性があります。加えて行政の持つ関連組織も同様の転換が必要です。

　ただし、それらはすぐに実現できるわけではないため、組織構造としては、事例でも紹介した民間市役所の活用が有効です。なるべく多くの事業を、NPOや株式会社等の民間に開放し、行政はそこから撤退し、小さな政府の実現を図っていく必要があります。そこには行政自ら政策を考え実行するというよりも、ソーシャル・イノベーション・クラスター構想の立板の部分を増やしていくことを意識する必要があり、本構想がモデルになり底板の部分を行政が担うことをイメージするとわかりやすいと思います。

　その結果、行政の主たる役割は、民間をつむぐことと、全体を俯瞰した調整機能、そしてすべての市民の生活を維持するサービス（準公共財）のみという限られた業務に限られていくことになります。また、クラスターの存在を意識し、障害を除外し、制約を緩和し、クラスターの生産性やイノベーションを妨げている非効率性を撤廃し、クラスターのグレードアップを図ることです。

2. 社会指向型消費者の育成

　第2には、社会指向型、あるいは地域の経営理念に基づいて構想する生活者の育成です。どのように企業が社会的課題を解決する／生まない経営に転換しようとしても、それを支持する生活者の存在なくしてはありえません。もちろん各企業においても努力を必要としますが、基本的には政策としてそのような生活者の育成を実行する必要があります。

　たとえば、ほとんど機能しなくなっている学校における消費者教育や大人の消費者教育を充実していく必要があります。それは、企業等の商品やサービス情報を積極的に開示するための施策を展開し、行政が単に法律等で規制するだけではなく、生活者の選択によって規制することも、重要だと考えるからです。また、ソーシャルプロダクトマップを各地で作成することもそれらを後押しします。

　このような生活者の存在なくしては、マルチステイクホルダーのコンフリクトは最小化できません。社会的課題を生まない経営にはこのような生活者が必要不可欠であり、それを育成する主たるプレイヤーが行政であり、そのような視点から行政の経営そのものを変化させる必要があります。

　また、前項でも説明したように、児童・生徒への普及も重要になります。特に京都市のような多くの大学を持たない地域は、高校生以下へのアプローチ、たとえばマイプロジェクトや消費者教育を通じて、社会指向型の生活者、起業家を育てることが重要になっていきます。実際に水俣市では、若年層のみならずあらゆる層の生活者にマイプロジェクトをおこなってもらうようなプログラムを模索しています。

　この発想も京都の歴史から来ています。それは、明治維新後、天皇と一緒に多くの官職や産業界が京都から東京に移動したため、京都市は人口減少にみまわれ、市としての存在の危機が訪れます。この時に京都の人々がおこなった事業が、学制発布前に日本で最初の小学校をつくることでした。この事業は町衆が「番組」とよばれる自治組織ごとに、竈(かまど)のある家が竈の

数に応じて、お金を出し合い、町内が協力し合った、住民自らの手による学校づくりでした。明治2年には市内64の「番組小学校」が設立されました。京都では「竈金(かまどきん)」として知られています。人口減少によって窮地に追い込まれた京都の人々は、教育という事業を起こし、未来につなげようとします。現代でも同様に、多くの地域で人口減少にみまわれていますが、このような教育を通じて地域を活性化していくためにも、社会指向型の生活者や事業者の育成が必要です。

3. 未来を擦り合わせること

　第3には、多様な主体とのコラボレーションを基本にすると、共通の目的となる未来の擦り合わせ、しかも多様性を活かす創造的摩擦が必要になります。各主体が社会的課題の主体的な解決者になることは重要ですが、それを勝手にやっていたのでは非効率です。そこで共通の目的となる未来構想が必要になってきます。これは先に京都市基本構想としてお示ししたように、なるべく多くの多様な主体が、共有できる目的を創出することで、政治はもちろん、先に示したように市場を利用して住民の意向を反映させることも重要です。

　この擦り合わせが、社会志向型の生活者を育成するプロセスにもなります。それは、擦りあわせをおこなうプロセスで、自らの未来や生き方を再考することが求められ、それが結果として育成につながるということです。

　このポイントが多様性を担保し、ソーシャル・イノベーションを創発する1つのカギとなっています。SILKにおいてもコントロール型ではなく、御用聞きしながら紡ぐことを大切にしていますが、そのプロセスでそれぞれの生活者や事業者の意向を確認することと、同時に京都市の方向性をお示ししています。その結果、京都市の意向を汲んだ上で、自分はそこへ向かうためにこれらが必要だと言って、図4-3のように様々な事業が広がっています。

2　京都市の役割

ここでは前項の考え方をベースに、構想を実現する京都市の役割について、i）実験場になること、ii）世界や国内に発信・ネットワークすること、iii）ノウハウを移転することの3つの視点から説明します。

1.　実験場になること

京都市の掲げるソーシャル・イノベーション・クラスター構想は、社会的課題を解決する/生まない経営を実践する企業や社会指向型生活者の育成を目的につくられ、そこで実施される各事業、とくに本構想や SILK は、十分に実証されたものではありません。そこで、先駆的に取り組む京都市が、実験場となっていることを自覚する必要があります。そして、毎年評価しながら、うまくいっている点、うまくいっていない点を公表するなど、実験場としての役割を果たす必要があります。とくに国や他の地方自治体向けに、実験結果を公表していく必要があります。幸いにも 2016 年度に入り、内閣府、経済産業省、近畿経済産業局の方が視察に見えられています。

加えて、先に触れたように、経営革新も重要になりますので、新しい行政の経営構造を構築していく実験場としての役割も果たします。単に、事業を展開するのみならず、先に触れた理念型経営とアメーバ型組織への転換を模索していく必要があります。

2.　世界や国内に発信・ネットワークすること

京都市は、京都議定書が 1997 年に調印された都市であり、観光都市としても有名です。そのような条件をもつ都市であるがゆえに、本構想を国内はもちろん、世界中に発信する義務を持っていると考えています。先に触れたような各種の取り組みや経営革新も含めて、積極的に発信していきま

す。加えて、なぜ京都がこのような構想を実験、発信することが必要かというと、愚直なまでに歴史や文化を大切にし、これまでの千年をつむいできた中心都市で、次の千年をつむぐ責任を負っているからです。これが本構想の1つのコンセプトです。このことを実行するために、ホームページを立ち上げ、他の都市のイベントの共有などを図っています[124]。加えて、ソーシャルプロダクトマップの英語版の発行も検討しています。

3. ノウハウを移転すること

　第3には、情報発信・ネットワークすることのみならず、ノウハウを移転していくことも大きな役割となります。第3章でも触れたように、行政も理念志向のプラットフォーム型に転換し、ノウハウを移転する必要があります。行政はもちろんのこと、民間企業も情報の提供のみならず、ノウハウを移転できるようなシステムを構築することが求められます。これを実践するためにソーシャルイノベーション・サミットを開催したり、「1000年を紡ぐ企業認定」などを実施しています。加えて、SILKは先述のように中間支援機関としてユニークなマネジメントスタイルを持っており、他の市からもヒアリングを受けています。このような場を通して、京都市のノウハウを移転する必要があります。幸いにも熊本県水俣市、阿蘇市などに興味を持っていただき、先に紹介したような京都市のノウハウを「四方よし」のコンセプトやソーシャルイノベーション・サミットとして水俣市に移転しました。その他にもサステイナブル・カンパニーのスタイルに興味を持っていただきいくつかの市町村にお話しさせていただいています。

3　京都市ソーシャルイノベーション研究所

　最後にここまで説明してきソーシャル・イノベーション・クラスター構

想を支える SILK が実践していること、あるいはマネジメントスタイルの特徴を、ⅰ）分析しないこと、ⅱ）つむぐこと、ⅲ）デザイン思考に分けて説明していきます。その3つの前提として最も大切にしなければならないポイントは、理念指向のプラットフォーム型経営を SILK においても実践することです。その理由は、理念型経営の事業体とコラボレーションするために、SILK も理念型経営を実施することが必要だからです。しかしながら、これまでの中間支援組織は、このような経営スタイルをとっていません。手探りではありますが、多くの中間支援機能を持つ組織のモデルとなるような経営スタイルを試行錯誤しながら、探求していきます。

1. 分析しないこと

　組織は、分析指向になりやすく、情報を当たり前のように分析し収納していきます。それは、情報は分析するものというステレオタイプの罠に陥っているからです。具体的には、分析し、情報を概念化、言語化すること、過去のものと比較可能にすることで、わかりやすくするためです。しかしその行為は新たな知識や情報をみすみす捨てて、イノベーションを創発できないようにすることに他なりません。しかしながら、ここまで説明してきたように中間支援機能を果たすためには、新たな関係性を創出するために、情報の曖昧さと多様性を保持することが必要です。特に前者の曖昧さを保持することが、新たな、あるいは思わぬコラボレーションを生んでいくことになります。

　この点が SILK を立ち上げてからもっとも難しい点でした。集まってくれたスタッフの多くがこれまでの社会経験から分析指向で生きてきましたし、取り巻く行政や企業も同様に無意識に情報を分析していました。スタッフがこの分析指向から解釈的枠組み、あるいは主観的に思考できるまで多くの苦労がありました。その志向が転換するきっかけは、曖昧であることが多くのステイクホルダーを引き付けるという事実を経験的に理解で

きた瞬間です。それまでは何度も何度も説明し続けるしか方法をもっていません。今後はこのことをどのように周知するかが課題となっています。

2. つむぐこと：キュレーション

研究所の機能は1つしかありません。それは民間組織、生活者をつむぐ、あるいはキュレーションすることです。そのためには、黒子に徹した態度が重要です。成功はセンターにあるのではなく、民間にあることを徹することです。そのことを肝に銘じて役割を担う必要があります。

このキュレーションとは、多様な情報の海から未来を実現するための鍵を拾い上げ、新しい意味や価値を与え、ソーシャル・イノベーションの創発を支援することです。具体的には、社会を俯瞰し、社会問題の構成要素の関係性を理解し、問題を「因数分解」するスキルのことです。そのためにキュレーションには次の3つがポイントになります。第1にはほしい未来に対して正の効果があることが想定できるかということ。第2には、俯瞰することと関係性を意識することです。第3には現象を因数分解することです。このようにスキルはスタッフのみならず、外部のコンサルタントなどの支援者にも必要な能力なので、現在 SILK ではこのように情報を拾い上げ、新たな価値を付加して共有する力と社会的課題を俯瞰し、その本質を掴む力を持ち、経営者に伴走できる「イノベーション・キュレーター」を育成するイノベーション・キュレーター塾を展開しています。

一方でつむぐという行為は人間を介することになり、その仲介者の人間力が大きく影響します。ゆえに仲介者は上記の3つのスキルの他に、感情をマネジメントするエモーショナル・インテリジェンス[125]や自我をマネジメントするマインドフルネス[126]が重要になります。その理由は、感情や自我が介在しない状態のほうが分析せずに、情報の角を除去せずに、イノベーションの可能性を残せる、つまり個人としての多様性を担保できるからです。この視点は、信念をベースとした価値の共有を使わず共感力を使

う理由ともなっており、第 5 章で説明するように企業家においても同様に重要です。

3. デザイン思考

次にこの 2 点を踏まえ、デザイン思考がベースとなっています。デザイン思考とは、"第 1 にフィールドに行き、人を観察し、その経験をもとにアイデアをつくる。第 2 に何をつくればよいのか考えたらすぐに工作をして簡単なプロトタイプをつくる。そしてその有効性を人に使ってもらったりしながら確認して何度も作り直す。このプロセスがデザイン思考の特徴です。"[127] つまり、それは主観的なプロセスであることと、プロトタイプをつくりながら変化させるプロセスを持つということです。

なぜデザイン思考が重要なのかというと、まだ存在していない市場におけるサービスや事業の価値を説明し、上司を説得することは困難だからです。通常であれば、アイデアが浮かんだ後に、事業のコンセプトや全体像は何か、目的、資源はあるのか、どのように届けるのかといったプロセスを説明しなければなりませんが、それを最初から説明できる人はほとんどいないでしょう。しかし、一般の企業や行政はこれを求めます。だからイノベーションが生まれないのです。

SILK では、分析しないこと、つむぐことを意識しながら、デザイン思考で事業を創造したり、パートナーと接したりしています。そのために、「違和感」を大切にしてもらっています。通常であればこの違和感は分析されてしまいますが、SILK では違和感を分析しないようにしてもらっています。そしてこの違和感を人との対話で温めていきます。それが、違和感の原因が鮮明になる観察や出会いを導きます。そこからアイデアの具現化がスタートします。このようにしながら図 4-3 のように事業を創造してきています。

04
サステイナブル・カンパニーと地方創生

　本節では、ここまでの社会的課題を解決する／生まない経営スタイルと行政の役割を前提に、サステイナブル・カンパニーと地方創生の関係について、ⅰ）コミュニティ／ソーシャル・デザイン、ⅱ）サステイナブル・カンパニーがどのように地方創生に関係するのか、ⅲ）ここまでの2つを組み合わせた地方創生を支えるシステムについて説明していきます。

1　コミュニティ／ソーシャル・デザイン

　まず、サステイナブル・カンパニーをベースとして地方創生を成し遂げようと思うと、地域をそのような経営スタイルを実行できるような場に耕すことが必要です。そのためには人と人のつながる仕組みをつくるコミュニティ／ソーシャル・デザインという考え方が有効です。
　コミュニティ／ソーシャル・デザインとは、人がつながる仕組みをつくること[128]、加えてその結果システムそのものもデザインすることです。先に示したデザイン思考がこの根底にあります。たとえば、課題が出たらそれをどういう「人」で解いていくか。どんな人たちをどう組み合わせればそれぞれのキャラクターが生きて、アイデアを生み出せるのか。そして「共働」をどう「共創」に結びつけていけるか。そこではデザインマインドというかクリエイターの力が必要になります。みんなの意見を合わせればいいものになるかといえば、衆愚になるおそれもあって、単に群れるだ

けでは創造性のない方法になる可能性をもっています。一方で社会の課題が複合化して一人の専門家だけで解決できる時代ではないので、いろんなアイデアを持ち寄り「共創」することで地域が抱えている課題を乗り越えていくことになります。そのとき「ノウハウ（know-how）」ではなく、誰と一緒にやればよいのかという「ノウフー（know-who）」、つまり地域の人たち自身のクリエイティビティの組み合わせ方によっては、2倍にも3倍にも価値を膨らませることができます。このような側面がコミュニティ・ビジネスと表現されます。

一方で単に人とつなげるだけではなく、社会システムそのものもデザインする必要があります。独立行政法人科学技術振興機構によれば「社会システム・デザイン」は専門家、素人に関係なく誰でも理解でき、参加できるステップに基づいたアプローチで構成されています。すなわち、

1　現在、存在する「悪循環」の定義
2　新しい「良循環」の創造
3　「良循環」を「駆動するエンジンとしてのサブシステム」の抽出
4　「サブシステム」をより細かい「サブサブシステム」群へ分解
5　「サブサブシステム」から具体的な行動ステップの構築

がそのデザインの主要なステップです。

ここでの「社会システム」の定義は社会学者のいう「社会全体がシステムである」という発想ではなく、社会の部分であり、デザイン可能な「消費者・生活者への価値創造と提供の仕組み」と定義します。これは、自動車や家電製品のような伝統的なものづくりとは異なり、「社会システム」のデザイン・プロセスに消費者・生活者が参加していくことを可能にすることです。それぞれのステップに生活者感覚でかかわっていくことが現実的なアプローチです。また、多くの供給者側の専門家もこのプロセスは初めての経験であり、両者がかかわることのできるこのプロセスを通じて新しい社会の価値を醸成していくことも可能です。また、「社会システム・デザイン」のもう1つの特徴は、産業振興的発想から脱却し、消費者・生活者、

及びそれらの人々で構成する社会の意識向上が産業や企業が提供するもの、サービスに対する選別眼を高め、本当に価値のある選択をするように展開していくことを前提としていることです。すなわち、消費者・生活者で何に価値を感じているかという観点から社会に醸成される価値観を考慮に入れ、それを反映するアプローチです[129]。

つまり、コミュニティ・デザインは、人にフォーカスを当てながら、共創からソーシャル・イノベーションを創発する手法です。ソーシャル・イノベーションを前提にすると、人々は生活者としてビジネスに対する期待を表明する、あるいはその期待に応える企業の商品を購入するといった役割のみならず、生活者としてマイクロビジネスを立ち上げるといったイノベーションの創発にかかわる役割も必要となっています。具体的には、ステイクホルダーダイアログ（利害関係者との対話）などの機会を通じた対話の中で新しいアイデアを提示していき、場合によってはしまの会社のように企業を立ち上げることも重要です。

最後に、これらの生活者の参加とシステムの変化はデザイン思考を基礎としています。須藤（2014）[130]によればデザイン思考の肝は、ユーザーの日常生活の中にある新たな経験を発見し、ユーザーの置かれているコンテクストを自分の経験として内部化することで洞察が生まれることです。この指摘は次のように解釈できます。デザイン思考には生活者の参加が不可欠であり、その生活者が日常生活にある発見を、どのようなシステムの中で生まれたかを洞察し、その発見をどのようにビジネスにつなげるのか、ということです。つまり、デザイン思考は、生活者の主観的な気付きをベースにビジネスをシステムの視点から設計するということになり、このような視点からコミュニティ/ソーシャル・デザインを考えていく必要があります。次に、場を耕すことで、サステイナブル・カンパニーが活動できるようになっていきますが、それらがどのように地方創生とかかわるのか、説明していきましょう。

2　サステイナブル・カンパニーが
　　どのように地方創生にかかわるのか

　現在地方創生において、様々な課題が存在しています、それらを解決するサステイナブル・カンパニーの3つのモデルを提示します。

1.　働きたくなる企業の必要性

　地方創生において最も重要な視点は、人口問題と新しい発想力、意味の付与、そして多様なステイクホルダーを地域に連れてこられる企業の存在です。それを担うのがUIターンの移住者です。しかし現在の行政の施策は住宅等の生活に視点があり、働くという視点、特に働きたくなる職場環境が欠落しています。本書の事例では、中村ブレイスやクロフーディングがそのような存在であり、事実多くの若者が社員として大田市大森町に移住しています。その他にも長野県伊那市にある伊那食品工業や岐阜県輪之内町にある未来工業なども、働きたくなる会社として多くの応募者が集まっています（たとえば伊那食品工業は10人程度の採用に7000人近い学生が応募[131]）。

　このようにサステイナブル・カンパニーの中でも、従業員や地域にやさしい経営スタイルをおこなう企業を増加させることが、移住者を増加させ、地域をキュレーションできる多様な人材を集める装置となります。ここが地域創生の1つのポイントになっています。

2.　地域の課題解決を担う企業の必要性

　第2のポイントは直接的に課題解決を担うサステイナブル・カンパニーの存在です。具体的にはコミュニティ／ソーシャル・ビジネスです。本書の事例においては、サラダコスモやしまの会社がそれに該当します。社会

的課題を生まない努力も必要です。ただし、地方においては経済の衰退、過疎や耕作放棄地、里山の荒廃等様々な問題を抱えています。そこにチャレンジする企業やNPOの存在は不可欠です。

　しかしながら、それらの事業を担う人が枯渇している状態にもあります。現在では、そのような事業体を誘致したり、UIターンなどの移住者の起業促進に力を入れる自治体も台頭しています[132]。たとえば大町市では、Iターン・Uターンして地域に根ざした仕事に従事されている人や、大町市の地域資源を活用した仕事を起業する人達を応援しています[133]。一方で、大学がない地域も多く若い人材の流出も大きな課題です。そこで地域の高校生が重要になっていきます。そこでNPO法人カタリバが実施する「マイプロジェクト」[134]が、高校生を活かしています。それは高校生が目の前の課題に気づいた自分にしかつくれない「マイプロジェクト」をつくっていくことです。マイプロジェクトは他の効果も見込めます。それは高校生の時に地域に根付く活動をしていると、たとえ大学で他の地域に行ったとしても、地域との関係性ができているので、戻ってくる可能性が高くなるからです。

　そして何より、このような困難なビジネスを遂行しようとする人々を支える存在が必要ですが、地域にはそのような存在がまれです。上記のような動きを行政等が支援することによって、キュレーターも台頭してきます。一方でそのような人材が多数いる首都圏や関西圏からの支援も必要となっています。SILKのコミュニティ・オーガナイザーの桜井氏のチームは、熊本県水俣市や阿蘇市などに定期的に入り、地域活性化の支援もおこなっています。このように起業家人材のみならず、キュレーターのような支援者も必要で、地域の中で顕在化していなければ、共有することも必要となっています。

3.　地域の特性を担う企業の必要性

　3つ目のポイントはその地域を体現できるサステイナブル・カンパニー

の存在です。本書の事例でいえば、サラダコスモ、しまの会社、寺田本家、中村ブレイスです。大都市以外の地域に移住したいと思う人々は、たとえば自然豊かな、食べ物がおいしい、人間性が豊かなどといった大都市にはない側面に注目します。しかしながら、現在の多くの地域には、1つ目のポイントとも関連しますが、そのような地域性を体現できる働き方がほとんどできないし、行政もそのような視点をもっていません。生活者としてほしいサービスを起業することができればよいのですが、自然豊かなところで暮らしたいと思う人が、工場やスーパーなどで働きたいとは思いません。ここでもワークライフバランス同様に、生活することと働くことを分離させた発想が存在しています。

　我々人間は、働くことと生活することを都合よく分離して生きていくことができません。しかし、現代社会ではそこを求められています。以下の第3項とも関連しますが、働くことと生活することがオーバーラップする地域の創出、つまりそれを体現できる企業やNPOの存在が必要不可欠になっています。

3　支えるシステム

　ここでは、第2項のようなサステイナブル・カンパニーを支える仕組みについて、ⅰ）創業支援のあり方を変える、ⅱ）多様な経済システムの活用、ⅲ）可処分所得の向上の3つの視点から説明していきます。

1.　創業支援のあり方を変える

　日本全国自治体では創業支援をおこなって、地域を活性化しようとしています。しかし、その創業支援は、はじめに事業計画やビジネスモデルをつくることを求めています。それは既存の市場で生き残るために必要だと

いうことを前提としています。しかし、本書で述べている企業や現代のベンチャー企業に求められていることは、そのような前提ではなく市場を創造する、あるいは既存の市場に対して新たな価値を提案するビジネススタイルが求められています。つまり、現在の創業支援とビジネスの不一致がおこっており、起業がなかなか進まないという現実を認識する必要があります。

このギャップを解消するためには、従来と異なった創業支援のあり方を導き出す必要があります。SILK では、第 5 章で詳しく見るように、経営哲学、あるいは企業の存在意義を明確にすることを最初のステップとしています。これは本書でも何度も示したように揺るがない、あるいはぶれない経営が必要だと考えているからです。著者の経験によりますが、企業家によっては 1 年以上費やす人もいたり、2 カ月程度でつくってしまう人もいます。経営哲学ができると、資源や社会環境に応じてビジネスモデルを、そして戦略やマーケティングを考えてもらいます。特にビジネスモデルはつくるものではなく、哲学ができると生まれてくるものです。

なぜこのようなプロセスを必要とするかというと、先にも述べたように社会的課題を解決したり、システムを変化させるためには、事業を継続させる必要があるからです。そして、SILK で育成しているような、これらの人々を支援するイノベーション・キュレーターの存在も必要です。しかし、それだけでは不十分です。次にこれらの企業に加え、地域創生を支える経済システムについて説明していきます。

2. 多様な経済システムの活用

これまでの経済や企業は、貨幣経済の上に成り立っています。しかし、地方が貨幣経済で東京と競争しても、経済規模が大きい東京には勝てません。つまり、これまでの地方自治体政策や創業支援は、東京を支援、あるいは東京に出ていくためにおこなっていたことになります。つまり、地域

は貨幣経済以外のシステムを組み合わせる必要があります。それが、共有経済、贈与経済（おすそ分け）、交換経済（物々交換）の３つ[135]です。

　これは、第２章第11節でふれたように、人口が増加している地域というのは、働きたいと思える企業、開かれた地域、そしてこれらの３つの経済が存在している地域です。共有経済は家を共有して使うシェアハウス等、贈与経済は古来から存在する「おすそ分け」、交換経済は物々交換のことです。このような３つの経済は東京などの大都市ではなかなか存在できませんが、地域ではまだ近隣関係や農家などの家庭でのものづくりが残っています。これが東京に対抗する仕組みです。

　しかしながら、これだけを考えると地方は皆同じに見えるかもしれませんが、地域によって共有、交換、贈与経済のあり方や考え方が異なりますので、組み合わせによって地域の個性が出てきます。具体的には、おすそ分けをよしとしない地域も存在しています。また、地域の開放度が最も異なります。多くの地域では閉鎖的、あるいはよそ者を嫌うといった特徴をもっています。この点を改善する、あるいは地域の人々の信頼を得られるような工夫といった方が大きな障害になります。この点は行政が支援しても難しいので、京都のようにその地域の生活者が信頼を付与するような仕組み、つまり先にも述べたような安心のシステムをどのように構築するかがポイントになります。

　その１つが、歴史や社会に新たな意味を付与することです。たとえば、先に説明したように竈金は、市民が自ら竈の数に応じて寄付、つまり贈与経済を組み合わせた現代のソーシャル・イノベーションだと説明することで、理解も容易ですし、知識や経験のない人にとって安心が担保されます。また筆者がかかわっている長野市においては佐久間象山に新たな意味を付与しています。それは佐久間象山が大砲の鋳造に初めて成功し、地震予知器の開発に成功した人であり、彼がソーシャル・イノベーターであると説明すると、上記と同じような現象が確認できます。

　このように、資本主義によって形骸化した古くからあるシステムに新た

な意味を付与し、安心を与え、多くの人や組織が参加することができる地域のシステムが重要となっています。

3. 可処分所得[136]の向上

　しかし、ここまで示したサステイナブル・カンパニーの創出、3つの経済の組み合わせだけでも、地域はなかなか活性化しません。最後のポイントが可処分所得を向上させることです。これは先に紹介した共有経済、交換経済、贈与経済が大きく貢献します。それに加えて、生活に必要な電気、ガス、水道、通信手段（インターネット）などを低価格、あるいは無料にすることによって、可処分所得が向上し、東京よりも自然環境豊かな地域であり、しかも可処分所得があまり変わらないという優位性を確保できます。その結果、人々の選択肢が大きく広がり、UIターンも促進されます。

　具体的には、電気や通信手段がもっとも現実的です。前者は小水力やバイオマス発電が多くの地域で展開されていますし、これらをうまく活用すること、電気の地産地消によって実現可能です。後者も総務省が全国に普及させていますので、国のお金で実現する可能性があります。後者をうまく活用しているのは徳島県神山町[137]が顕著な事例となります。

　このようにサステイナブル・カンパニーを起点とし、いくつかの仕組みや支える仕組みを組み合わせることによって、これまでとは異なった視点から地方創生を実行することが可能になります。今後はこのあたりをさらに進化させていきたいと考えています。

---

119. http://gendai.ismedia.jp/articles/-/48137

120. 島内明文（2005）「正義と効用―スミスとヒュームの正議論の検討―」『イギリス哲学研究』第28号、pp.47-61

121. 坂野朝子 武藤 崇（2012）「価値」の機能とは何か：実証に基づく価値研究についての展望、Doshisha Clinical Psychology: Therapy and Research, Vol.2, No.1, pp.69-80

122. https://social-innovation.kyoto.jp/learning/552

123. http://kyotostyle.jp/

124. https://social-innovation.kyoto.jp

125. Goleman, D. (1995), *Emotional Intelligence. Why It Can Matter More than IQ*, Bantam Books（土屋京子訳『EQ こころの知能指数』講談社、1998

126. Kabat Zinn, J. (2000-)、*Full catastrophe living*, Bantam Books（春木豊訳『マインドフルネスストレス低減法』北大路書房、2007）

127. 奥出直人（2012）『デザイン思考と経営戦略』NTT 出版

128. 山崎亮（2015）『コミュニティ・デザインの時代』中公新書

129. 独立行政法人科学技術振興機構（2012）『低炭素社会づくりのための総合戦略とシナリオ』http://www.jst.go.jp/lcs/documents/item/s27_6-3.pdf

130. http://www.buildinsider.net/enterprise/designthinking/03#ref

131. http://www.franklincovey.co.jp/training/case/report/seminar/236.html

132. http://www.city.gotsu.lg.jp/8661.html

133. http://www.city.omachi.nagano.jp/richi/IU_business.html

134. http://myprojects.jp/

135. 長沼博之（2015）『ビジネスモデル 2025』ソシム

136. 家計収入から、支出が義務付けられている税金や社会保険料、生活を維持するために必要な食費、住宅費、電気代等を差し引いた残りの自由に使える手取り収入のこと。

137. たとえば、http://business.nikkeibp.co.jp/article/report/20120705/234176/?rt=nocnt

CHAPTER

05

これからの
あなたへ

最後に、これから社会的課題を解決する/生まない経営を実践し、あるいは支援・参加しようとされる読者の皆様へのメッセージをお贈りし、まとめとしたいと思います。ここまでみてきたように、企業経営、NPO経営、行政経営、地域経営の根幹となるものは、哲学、俯瞰力、キュレーションでした。そして社会的課題を解決する/生まない経営の志向は、ⅰ）マルチステイクホルダー、ⅱ）経営哲学、ⅲ）関係性、ⅳ）自己組織化、ⅴ）イノベーションの5つでした。ここからは、それらを実践する上で重要となる型や基準について説明し、個人の視点に立って再掲し、本書を閉じることとします。

01
経営の基本となるもの

　社会的課題を解決する/生まない経営を実践するためには、その参加者の意識の変化が必要であり、ここからはその変化について個人視点に立って再掲します。

1　哲学

　本書では、経営哲学を持つことが重要であると述べてきました。しかしながら、そのためには経営者あるいはそこにかかわる人々も哲学を持つことが前提となります。哲学というと何となく難しい、なんだかよくわからないものと思われがちですが、自分のこだわっているところとか、好きなもの、あるいは自分らしい生き方などを考えてみると意外と自分のライフスタイルが見えてきます。その視点から自分の今の生き方を探求してみるとよいと思います。

　もう1つの方法は、未来からバックキャスティングする方法です。たとえば、「この社会が、どんな社会になったらいいのか。どんな社会になれば、自分はやるべきことをやったんだと思えるのか」という視点で理想とする未来から、自分の未来を抽出し、そこから自分の役割やすべきこと、すべきではないことを考えます。その時に上記でも書いたように自然にこだわってきたことをこの視点から再度位置づけてみるとよいでしょう。

　このように自分なりの哲学や生き方というものを事業展開する前に考えることが重要ですし、就職などをするときにも哲学を持っているのと、持っていないのでは大きな違いが存在します。哲学を持たないと、極端な

場合、身体や心が病むことさえあります。多くの企業でうつ病等で休んでいるスタッフを見かけますが、個人と企業の哲学の不一致や個人の哲学を持っていないことが1つの原因です。

結果として、企業家のみならず組織を経営する上で、企業の哲学と個人の哲学をオーバーラップさせていかないと、スタッフのインセンティブが保てず、あるいは健康を害して業績に悪影響をもたらします。哲学を持っていないことが、企業においても、個人においても不幸な状況をもたらします。事例で紹介したパタゴニアは、就職希望者が哲学をもっていることと、哲学を共有していることを確認し、スタッフとして迎えています。

しかしながら、現代社会は哲学を持たずとも、貨幣を持っていれば生活できます。貨幣を持つことで生きられているため、哲学を持つことは難しい。しかし、困難に立ち向かうときには必ず自分を支える考え方が必要なため、時間をかけて構築する必要があります。さらに哲学は社会の反映であり、社会にかかわろうとする人が社会を取り込めずして、社会を変化させることはできません。

リーダーとして、哲学と同じように重要な視点は、感情や自我をマネジメントすることです。その理由は、もしリーダーが感情や自我に左右されると、統一感がなくなって事業が市場に左右されたり、ニーズにのみ反応して資源を浪費したり、非効率になり、成果を達成できない可能性が高まるからです。そして、何より多様性が損なわれるからです。その理由は、哲学やこだわりも大切ですが、そこに執着しすぎると排除が働き、徐々に多様性が失われてくるからです。結果として、感情をコントロールできるEQ（Emotional Quotient：感情指数。自分の感情を認識し、自制する能力、他者を共感的に理解する能力）が高い人の方がそうでない人よりも業績を上げているという調査結果もあり、リーダーシップにおけるEQの重要性を再認識することができます[138]。また、気づきを誘発し、自我をマネジメントするマインドフルネスは、昨今、GoogleやMicrosoftをはじめ、世界中のハイパフォーマンスな企業が注目する手法となっています。

2　俯瞰力

　社会を自己に内包（哲学を持つこと）しようとすればするほど俯瞰力が必要になります。俯瞰力がないと閉鎖システムになり、その結果、環境変化に乗り遅れるのみならず、自身の成長や地域の成長を妨げるからです。俯瞰力がないと、解釈が構造化され、新たな意味を付与できなくなります。そうなると元の状態に戻ってしまいます。要は、閉鎖的なシステムになっていくので俯瞰力を持ちましょうということです。

　我々は、どうしても目の前の現象に囚われてしまい、全体像を見ることが難しい。しかしながら、目の前の現象も特定の部位や過去の視点に囚われているだけなので、その本質を見ていたり、関係性を見ているわけではありません。実は全体像が見えれば見えるほど、その本質をみることができます。その結果目の前の現象もよく理解できるようになります。つまりフォーカスをひいたものの見方が、現象を詳細にみることを可能にしています。しかしながら、この前提条件として、自分の立ち位置、あるいはよって立つ視点、つまり哲学がなければ、俯瞰できないということです。それは俯瞰的なものの見方が主観的であり、曖昧であるからです。曖昧であるがゆえに立ち位置が重要になってきます。それがないと結果としてイノベーションにつながらないということです。

　この視点でもっとも顕著な事例がサラダコスモです。中田氏は仏教や佐藤一斎（江戸時代の儒学者）の哲学をベースに、複数の社会的課題を俯瞰することで、ビジネスに良い効果をもたらしていました。地域や社会的課題を俯瞰することで初めてビジネスにつなげられるという点は、兵左衛門の浦谷氏が述べている視点と一致します。

3　キュレーション

　キュレーションとは、「社内外の無数の情報の海の中から、自分の価値観や世界観に基づいて情報を拾い上げ、そこに新たな価値や意味を付与して多くの人と共有すること」[139] で、それらを実行する人をキュレーターと呼ぶことができます。これは、単に企業を従来の確立された手法でコンサルティングするという視点ではなく、無数の情報の海の中から有意味になると思われる情報を拾い上げて、企業の持つあるいは発信したい情報と結び付け、新たな価値や意味を創出することと、それらを多くの人に共有することです。これまでの効率化一辺倒の社会あるいは先行事例がある社会（追いつけ追い越せの時代）では必要なかったものの、誰も経験したことのない社会の構築、つまりイノベーションを必要とする時代においては必須のアイテムです。

　これまでのように定式化された形式や概念で情報を扱う、つまり分析するのではなく、情報を曖昧に保持しながら、そこに情報を付与し、新たな意味や価値を付与することです。このような視点を持った人々の存在なくしては、今後のイノベーションはありえません。具体的には京都の企業を見てみるとそのあたりがよく理解できます。たとえば、窯業からセラミック技術を進化させた村田製作所や京セラなどは、従来の技術に新たな意味を付与することで、トップ企業として存在していました。そこにはよそ者、若者といわれる大学のまちの存在が不可欠でした。

　このように、個々人の意識が金太郎飴ではなく、自分なりの考え方をもち、全体を見る意識をもち、情報に新たな価値や意味を付与できる人々の存在なくして、イノベーション、ひいては社会的課題を解決する／生まない経営はありえません。

　次節では、この3つをベースに理念型経営を浸透させる経営の型について説明していきます。

02
基準・行動指針

　経営理念を実現するためには、環境変化に応じて変化させる基準あるいは行動指針（型を実行するプロセスにおいて心がけるポイント）が必要です。それは理念を変化させすぎると経営にブレが生じること、経営理念を実践するためには一人ひとりの意識に経営理念を浸透させる必要があるからです。ここでは、ⅰ）利他性、ⅱ）常に多様性を意識すること、ⅲ）組織をひらくこと、ⅳ）情報を分析せず、曖昧なままに保持すること、ⅴ）合理と情理を行動基準としています。

1　協働の接着剤としての利他性

　本書で説明した経営スタイルは、コラボレーションが前提条件となり、そのためには利他性が必要です。ここでは利他性が、組織と組織、組織と個人、個人と個人の接着剤という意味で活用し、経営スタイルで示した「つむぐこと」や「関係性」と深くかかわります。
　この視点はクロフーディングの黒岩氏から教示いただいた視点です。利己的であれば他人のことを考えることができないばかりか、その接点を探ろうとさえしないため、他社との関係性には利他性が不可欠です。現代社会は貨幣が接着剤になると考えている人が多くなっているため、この利他性が失われています。しかし、貨幣は持っているときは良いものの、持たなくなった途端接着剤を失うことになります。利他性は簡単には失われません。また、後段の多様性の項で詳しく説明するように、利他性の質にも注意が必要です。

また、この視点は、自己中心的な思考を抑える役割を果たすため、後段で説明する意味の創出や解釈の多様性といった側面にも重要な役割を果たすと同時に、経営の軸をぶれさせないといった視点にもかかわります。そして何より、共感力も利他性なくして存在しえないということで、すべての基準の原点になります。

2　イノベーションの源泉としての多様性

　次の持続的な組織経営の源泉となるのが多様性です。多様性は、経営者の多様性、構成メンバーの多様性、解釈の多様性、外部環境の多様性といった様々な側面に気を配る必要があります。特に、効率性を重視すると担当制を用いた方が良いですが、イノベーションを前提とした場合には特定の人がかかわるのではなく、多様な人たちがかかわることが必要です。また、経験、考え方、解釈の多様性を前提に、常に創造的摩擦を意識することが重要になります。このように考えると常にチームで行動することが必要です。

　多様性は、多様な状態をありのまま捉えようとすれば、俯瞰することや関係性を意識することが必要になり、サラダコスモの事例でも述べたように多様性を維持すれば意識せずとも逆に俯瞰することになっていきます。

　この多様性は先に示した利他性とも深くかかわります。それは接着剤の多様性です。接着剤にも木、プラスチック、ゴムなど素材によって異なった種類があります。接着剤の質も多様化することが重要です。そのような意味で多重存在の人間像[140]が必要になります。近年では企業の名刺のみならず社会活動の名刺などの2枚目の名刺を持つことが重要だと言われています[141]。そのような個人は多様な社会に触れていきます。アメリカのように、NPOから企業、企業からNPOといった多様なセクターを渡り歩くような流動性が低い日本にとっては多様性を確保するために必要な手法とな

ります。そして、最も重要なのが経営者の多様性で、そのためにマインドフルネスが取り入れられています。

3　個人や組織を開く

　オープン・イノベーションを前提とすれば当たり前と聞こえるかもしれませんが、組織を開くことは本文でも書いたように簡単ではありません。効率性を考えればクローズな方がよいので閉鎖的になりやすく、開くための余計な手間や説明の手間が省けます。なおかつ、我々は閉鎖的な空間の方が慣れているために、意識せずとも閉鎖的になります。そして何より開くと不安的になります。加えて、貨幣というブラックボックスがこの閉鎖性を支えています。それは個人も同様です。
　そこで、開くことを意識する必要があります。そのためには、安心のシステムの構築、特に哲学をもつことと俯瞰をすること、そしてマインドフルネスがポイントになります。具体的には先にふれた多重存在の人間像も上記の3つから導かれます。そこを意識することで個人や組織が開かれていきますし、常に外部に意識を向けるようになります。このような視点からみると、ロート製薬が副業を解禁したことも、組織を開くことになり、社会を変化させる一助になるかもしれません。

4　情報を分析せず、曖昧なままに保持する

　皆さんも、理由はわからないけれど何となく違和感を覚えることや説明はできないけれど気になることはないでしょうか。実はそれが非常に重要なポイントになっています。しかし、多くの人は、それを分析して解決しようとして、概念化、言語化をおこないます。それをすると過去の経験か

ら分析するだけになってしまうので、従来とほとんど変わらない発想になってしまい、面白くありません。そこで大切なことは、その違和感やもやもや感を保持し続けることです。保持することは気持ちが悪いことで、非効率的なことですので、なかなか受け入れられません。しかし、そのあいまいなままに保持していると、そのあいまいなものに新たな意味を付与する出来事や出会いに気づきます。整理してしまっていると、そのような出会いに気づかず、新たなことが創出されません。他方で、これは感情のマネジメントとも深くかかわりますので、その点からも重要です。

　これは違和感を持っている経営者の方に立て続けに出会ったことから発想しました。しかし、それがどのような意味なのか、過去の経験や理論からは説明できず、しばらく理解不能な状態がつづきました。しかし、1本のメールから、「アー…」という感じですっきり解釈ができました。また、必ず複数の意味を与えるようにすることもポイントです。これを納得するまで繰り返していきます。そこまで来ると人より多くの情報を保持するようになっていきます。それが多様な人達や経営者と議論する中で利用され、引き出しの多さやモデルの多様性に驚かれる所以です。これは、第1章で説明した「知識のゲシュタルト」に読み換えることもできます。そのような意味からも曖昧さはイノベーションの源泉になります。このように違和感を大切にしてほしいです。

5　合理と情理

　本書で示した経営スタイルは、人間関係とくに信頼関係が重要になってきます。しかしながら、信頼関係を重視するあまり、言うべきことを言わないということは、創造的摩擦を生まず、イノベーションの創発につながらないのみならず、非効率になる恐れさえあります。信頼関係は大切ですが、それをベースとしながらもビジネスは未来を切り開くためのビジネス

として割り切る必要もあります。たとえば、信頼関係が損なわれると考え、いやいやコラボレーションする必要はなく、ビジネスライクに判断する必要があります。これを他の言葉で説明すると合理と情理ということです。合理とは、これまでも説明してきたように、論理にかなっていて理性で捉えることができることで、ビジネスの文脈はあくまでも合理で動く必要があります。しかし、人間関係は情理で、人間らしい感情と、ものごとのあるべき筋道、つまり情を介在させた関係、グレートカンパニーの「感情の絆」と同じことです。

6　思考を停止させない

　現在社会や組織、あるいは個人は、多くのルールや習慣などの制度をベースに成り立ち、そのルールに従うことを求められています。しかし、そのルールが浸透するに従って、ルールの本質を疑ったり、顧みたりすることがなくなります。たとえば、貨幣の浸透によってすべて金銭で換算することが暗黙の前提となり、換算できないものは排除する志向がまかり通っています。しかし、ここまで説明したきたように、その志向が社会的課題の多くを生んでいます。ゆえに常に思考を停止していない、批判的に捉える、チェックすることが重要になっていきます。

　この思考は、自己組織化と同様、組織の中でもっとも重要であると同時に、我々一般市民が思考停止せず日々生きていくうえでも重要な視点です。

　このような思考停止を生む理由は、個々人によって行動選択の前提が異なり、放っておくと個々人がバラバラに動き、組織にならず、効率的に組織をマネジメントするためには、その前提を無視し、思考させないように制度化することが重要になったからです。この問題を回避するためにも、マインドフルネスが有効です。

7　障害の難易度の設定

　本書ではここまで様々なところで補助金の功罪について説明してきました。ここでは、ビジネスをする、あるいはサポートする上で障害をゼロにしていけないという視点から再度説明していきます。

　これまでも補助金は本来構築すべき人間関係を省き、補助金がなくなった後のビジネスの難易度を上げてしまうという文脈で説明しました。これは、本来企業家自身が最初に超えるべき人間関係や人間性、例えば融資や投資を依頼する際に自分のやりたいことを説明する機会を喪失するなど、最低限超える必要のあることを超えず、安易にビジネスをスタートした結果です。そして何よりビジネスをスタートすると資金繰り等ビジネスを維持することばかりに気が向くので、創業前のこのような関係性の構築は二度と存在しません。特にサポートする側はこのような障害をゼロにするような支援をしてはいけません。

　そこには、スポンジが乾かないと水分を吸収しないと同じように、企業家の渇きを待つことも重要な視点です。これまで手取り足取り支援し、多くの場合にうまくいかなかった反省をふまえ、乗り越えられる障害物をどのように設定するかということがサポート側の能力にかかっています。

03
起業・第二創業のポイント

　最後に、ここまでの2節を踏まえ、起業・第二創業（企業の社会化：利益重視からマルチステイクホルダー重視への転換）のポイントを説明しておきます。

1　未来志向と経営哲学の構築

　現在でも多くの支援機関では、事業計画や経営計画づくりから、あるいはビジネスモデルの構築からスタートします。あるいは会計士、弁護士などの専門家の支援といったものを謳うプログラムも少なくありません。しかし、その前になすべきことがあります。それが本書の中心的なテーマでもある経営哲学、そして未来志向です。

　では、なぜそのようなことが重要になるのか。それは、ビジネスそのものがモノやサービス単体ではうまくいかず、関係性が重要になるからです。そして、未来志向と哲学を使って俯瞰することで、その関係性が捉えられるからです。一方で起業とは困難も伴い、その困難に立ち向かうときに何らかの寄って立つ柱が必要であり、加えて企業や事業へのネガティブな攻撃から経営者を守るためにも、法人格と経営者を分離することが必要で、その柱が経営哲学や未来です。

　では、創業前にどのような視点で準備を始めればよいのでしょうか。我々は創業ゼロ期[142]が重要と話しており、最初に以下のような視点で考えてもらっています。

　・どのような未来にしたいか

- どのような社会をつくりたいと思っているのか
- 死の床に就いたとき、どんな人生だったら幸せな人生だったと思えるのか。

1. 関係性を捉える

　まず起業したい人が見ている課題を俯瞰し、その関係性を意識してもらうようにしていきます。ここで未来志向を使う理由は、2つあります。第1にはビジネスにはディテール（全体の中の細かい部分）が必要になりますが、フォーカスをひけない人（俯瞰力がない人）は、ディテールまで見ることができません。未来まで、あるいは社会全体を見ることによって初めてそれらが可能になるからです。それによって関係性が明確になり、自分だけではなく他社とのコラボレーションの必要性が確認できます。そして次に説明する経営哲学の構築によって、自分がなすべきこと、他社とのコラボレーションによってなすべきことの区別が明らかになります。

　第2には過去という思考フレームを脇におき、ゼロから思考するために、未来を活用します。たとえば1000年先の未来に必要なものを考えようとしたとき、現在の技術や考え方では到底到達できないことがわかり、地球全体、自然環境、あるいは宇宙から1000年先を想像することになり、自然と過去からの囚われを外すことができます。ステレオタイプにならない批判的な発想にも利用することができます。そのように思考し始めると、様々な違和感やわからないことが出てきます。そこに囚われず、抽象度を上げてください。そうするとシンプルな関係性と自分なりの未来像が出現していきます。

　関係性の視点は、ビジネスが手段であるということが明示できることにつながります。たとえば、「障がい者を雇用するビジネスをしたい」と手段に囚われている人は、それが手段であることを理解して初めて、存在理由をもったビジネスの基礎をつくることができます。

2. 経営哲学をつくる

　そして、俯瞰するためには経営哲学を持つことです。そして経営者の人格とは別の法人格をつくるためにも必要です。ここでも上記の3つの質問が重要になってきます。ここで大切ことは、これまでの人生のこだわりや大切にしてきたことを認識することと、それらをアウトプットすることです。

これまで大切にしてきたこと

　まずこれまで自分が大切にしてきたことやこだわっていることを明確にする作業です。ある意味内観的（自己の内面を見つめ、そこにあるものを探求すること）な手法で自分の内面にアプローチしていきます。

多様な人々に自分の想いを伝えること

　自分自身の想いが確認できたら、自分の想いを多様な人々に伝える作業をおこないます。筆者は100人の人に自分の思いを伝えてくださいとお願いしています。
　なぜ想いを伝えるかというと、自分の想いを整理するということと、不明確な部分への肯定や否定を通して想いを明確にしていくプロセスが必要だからです。吐くことで呼吸ができるという人間の呼吸と同様で、自身の頭にある想いは、まとまっているようで、明確になっているようで、十分ではないからです。自分の想いを伝えることで徐々に明確になっていきます。
　さらに、ここでは多様性がポイントとなります。その理由は、単にこれまで周辺にいる人々にその想いを伝えたところで、新しい発見はなく、多様な考え方や経験を持った人々に伝えることによって、自分が認識してこ

なかった事実を発見することができるからです。加えて、多様な人々に矛盾なく伝えるためには、抽象化、あるいは俯瞰したうえで伝える必要があり、特定のテーマのディテールとそれらを矛盾なくつなげることで思考を停止しにくくなるからです。

具体的な方法は、多様な人々と対話を重ねることはもちろん、ブログやFacebookといった媒体で、多様な人々が見ていることを前提に文章で表現することでもかまいません。このような方法を通じて、経営哲学を構築していきます。できれば、簡単な文章、例えば40字程度にまとめられるとわかりやすくなります。

2　手法の構築

ここまでくると、ビジネスは課題を解決するための手法、あるいはアプローチとなることが理解できます。つまり選択可能なものであることを理解してください。次に手法を選択するにあたって、経営哲学からその範囲を絞り込んでいきます。そして、次にどのようにビジネスを組み立てていくか考えていきます。以下ではそれらを遂行するための道具をご紹介します。

1. 社会的課題のランドスケープ

ここまで紹介したように、社会的課題は多様なメカニズム・関係性がつむがれた結果として発生しています。そこで、その関係性を可視化する必要があります。そうすることによって目の前の課題からその原因を抽出し、社会的課題を生まないオルタナティブなシステムの構築を概観してください。このときにポイントとなるのが、どのようなステイクホルダーがかかわっているのかも同時に考えることです。

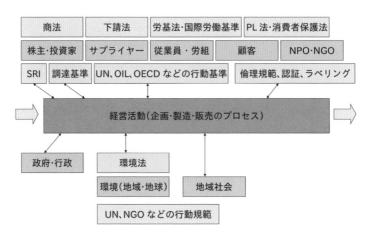

図 5-1 ステイクホルダーランドスケープ（出典：谷本寛治（2006）『CSR 企業と社会を考える』NTT 出版）

　第 1 には、図 5-1 のようにどのようなステイクホルダーがかかわっているか明示します。最初に、関係するステイクホルダーをマッピングします。次にその周辺にある制度（法律、行動指針など）を明示していきます。そこにはビジネスを取りまく環境の一部が見えているはずです。

　次に上記のステイクホルダーランドスケープを手がかりに、社会的課題のランドスケープを描いていきましょう。その手順は次のように 10 のステップからおこなってみてください。

① 今最も気になっている社会的課題を書き込んでいきます。
② その周辺にどのような社会的課題が存在するか書き出してみてください。
③ 最も気になる社会的課題と周辺にある社会的課題の関係性を書き込んでみてください。
④ それらの社会的課題の創出プロセスの中には、どのような被害者がいるのか、逆に得をする人たちが存在しているのか書き込んでみてください。

⑤ それらの社会的課題はどのような社会システムを原因としているのか書き込んでみてください。
⑥ 原因とした社会システムはどのような前提で構築されているかを書き込んでみてください。

ここから思考の転換をします。

⑦ あなたが社会的課題と思っている物事は、なぜ社会的課題なのか、その前提を書き込んでみてください。
⑧ ⑦をベースに、あなたが創造したい未来像をランドスケープの一番上に書いてください。
⑨ 創造したい未来に到達するために、既存の社会システムのどの関係性を修正すれば社会的課題が生まれないか、書き込んでください。
⑩ 最後に⑨をステイクホルダーランドスケープに書き込んでください。

次にこれをビジネスモデルにしていきます。

2. ビジネスモデルの構築まで

ビジネスモデルは、創造したい未来への階段になります。その階段は、先に書いたステイクホルダーランドスケープと社会的課題のランドスケープの2つを使って構築します。手順は次のように5つのステップでおこなってください。

① 社会的課題を生まないシステムにするためには、どのシステムをどのように変えればよいのか、書き込んでください。
② 変更後のシステムに到達するためには、どのようなチャネル（経路）が存在しているか、3つ以上書き出してください。ここには直接課題を解決するソリューション型ビジネスも加えてください。
③ 書き出したチャネルに、自分の哲学や自分のやりたいことと一致する順番に番号を振ってください。
④ 選択したチャネルにはどのようなプロフィットセンターが考えられ

るか、なるべく多く書き出してみてください。
⑤ 書き出したプロフィットセンターにも、チャネル同様に順番を振ってみてください。

ここから先は、通常の創業支援でおこなうビジネスモデルと事業計画をつくっていきます。この時注意してほしい点は、自分の哲学の中に納まっていることと、その哲学を実現する最高の商品やサービスをつくることです。

ここで言いたいことは、従来の創業支援がだめだということではなく、その前にここで示したプロセスを辿る必要があるということです。ビジネスの質が変化しつつある現代において、ビジネスをするうえでここに示したようなプロセスが必要だということです。

---

138. Goleman, D.(1995), *Primal Leadership : Unleashing the Power of Emotional Intelligence*（土屋京子訳『EQリーダーシップ 成功する人の「こころの知能指数」の活かし方』日本経済新聞社、2002）

139. 佐々木俊尚（2011）『キュレーションの時代「つながり」の情報革命が始まる』筑摩書房の定義を改変した。

140. 大室悦賀（1998）「多重存在の人間像から見える経済学の回帰―第3セクターの存在から―」『第3回進化経済学会論集』進化経済学会

141. http://nimaime.com/

142. 一般社団法人 RELEASE；（京都府京都市）桜井肖典氏より。

おわりに

　本書は社会的課題を解決する／生まない組織、およびそれを育成する社会経済システムの構築を中心に説明してきました。社会的責任がまともに浸透していない組織にこのようなことを言っても、絵に描いた餅だという指摘があるでしょう。また、利益しか考えない企業に何を言っても無駄だと言われるかもしれません。しかし、あるべき姿を想定しながら社会的責任に取り組まなければ、間に合いません。バックキャスティングとボトムアップの両方を駆使しながら、未来の子どもたちに素敵な社会を残したいという想いを伝えられればと思い、この本を執筆しました。

　世界中で様々な問題が噴出する現代社会において、今我々人類は存在意義を問われているといっても言い過ぎではありません。日本においては全国的な少子高齢化、人口減少の急激な進展、行き過ぎた貨幣資本主義の進展に伴う経済的な格差の拡大など、わが国の社会構造や産業／経済構造は大きな変化の中にあります。とりわけ、地方に位置し、比較的小規模な自治体を多く抱える道府県にとって、これら人口構造や経済社会の急激な変化は、地域コミュニティの維持に大きな影響を与え、地域経済を支える企業にとっても、労働力の減少に伴う衰退が懸念されています。また企業は経済のグローバル化のもと、グローバルな競争を余儀なくされ、企業を維持するため、海外への生産拠点の移転や海外企業との取引を強化する県内企業が増えつつあり、経済の空洞化が問題となっています。

　一方グローバルに目を向けると、温暖化に伴う海水面上昇や飲料水などの環境問題、途上国の人権、労働環境の劣悪化などの南北問題、貧富の格差といった経済問題、中東地域におけるテロの横行や欧州でのイギリスのEU離脱などの政治問題などが顕在化しています。このようなグローバルな問題も日本に対して様々な問題を投げかけています。

　このような中で本書は市場や企業システムを使った社会変革の1つの手

法を提案しています。しかし、その本質は個々人の自立であり、個の成長にあります。どんなに素敵な社会をつくろうとしても、そこに個々人の成長がなければ、それらは存在しえないのです。そのような意味で、紀元前から探求されてきた人間の成長あるいは幸福の追求となんら変わりません。違うところは市場システムを利用していることと、資本主義の支配下にあることだけです。特に我々の生活は資本主義に翻弄され、資本主義があたかも一人で幸福を追求できるような勘違いをもたらし、伝統的な様々なシステムを淘汰してきました。そのような意味で我々人類の存在意義を問われています。

　しかし、本書で見てきたように、現代社会には、必ずしも暗い未来ばかりではなく、明るい未来が混在しています。淘汰という表現を使ったのは、オルタナティブを提示することを求められていると解釈できるからで、我々は今オルタナティブなシステムを提案することを求められています。ただし、従来のように行政だけが提案するのではなく、民間組織や市民も同じように提案することが求められ、様々な社会実験を繰り返しながらよい提案を採用するというプロセスが求められています。その社会実験の1つが本書のサステイナブル・カンパニーおよびソーシャル・イノベーション・クラスターです。

　ただし京都だけが実行しても社会を変えることはできません。幸いにも、他の地域でも京都をモデルに動き始めています。江戸時代には小京都と言われるところが多く存在し、京都の文化をそれぞれの地域で発展させています。本構想はあくまでも社会実験の1つとして展開しており、もし使える部分があれば京都モデルをご利用いただき、それぞれの地域をさらに発展させていただきたいと思います。それは真の解決や社会変動に対応するために多様なモデルを創出することが必要だからです。アメリカという国の企業システムは、利益のみを追求する企業からパタゴニアのように責任あるビジネスを展開する企業まで非常に多様です。その結果、社会変動に対して柔軟に対応できるというメリットを持っています。これがアメリカ

の繁栄の理由の1つです。日本においても、多様なまちづくり、企業づくりが社会変動に対して柔軟に変化できる国をつくることにつながります。そのためには、それぞれの地域が個性的な地域づくり、企業づくりをおこなうことが必要です。そのような意味から京都モデルをうまく活用いただきたいと思います。

　一方で、まだまだ不十分な点が散見されています。特に個の成長という部分では、十分に議論できていません。このあたりが今後の課題となるでしょう。その課題は、サステイナブル・アントレプレナーシップ（仮称）の本を執筆するつもりでおりますので、しばらくお待ちください。

　最後になりますが、本構想ができた過程で様々な方にお世話になりましたので、感謝の言葉を述べさせていただきます。

　本書は2014年12月の京都市ソーシャル・イノベーション・クラスター構想の発表を受けて、その構想のフィロソフィーを解説することを中心に、それにかかわる人や学生の皆さんに知ってほしいと書き始めました。しかし延々と進まず、多くの皆様、特に学芸出版社の岩崎氏には多大な迷惑をおかけしました。そんな著者に長々と付き合っていただき感謝の言葉しかありません。なかなか筆が進まなかった訳は、構想を具体化する中で曖昧な部分が残されていたことと、何度も体調を壊したことからです。その曖昧な部分は全国各地（特に京都、長野、熊本）の多くの方々と議論する中で、特に日本開業保健師協会長野研究会（2013年4月〜）の支援をさせていただく中で、直接的に長野に行くきっかけをいただいた清水由佳氏や三井洋子氏らとの議論から徐々に可視化、特に社会的課題のランドスケープはその研究の中で整理されました。その結果、ようやく本書を書き終えることができました。この場をお借りし感謝申し上げます。

　そもそも著者はこの構想がつくれることを想定していませんでした。この構想の起点は2011年7月の暑い日に京都市役所の担当者が研究室に来てくださり、京都市としてソーシャル・ビジネスを支援したい、と著者への協力を依頼されたことでした。しかし、その当時から社会的課題の直接

的な解決に限界を感じ始めていたため、企業が社会的課題にかかわるという視点であれば協力するとお伝えし、協力することとしました。今思えば本書の原点はそこにありました。2012年4月京都市ソーシャルビジネス支援実行委員会がスタートします。スタート当初は啓発事業を中心として展開しました。それが徐々に変わり始めたのが、2014年1月、事業がスタートした3年目でした。そのころ京都市役所の仲筋係長（当時）と京都市高度技術研究所の孝本本部長と、今後も本事業を続けたいという京都市役所の意向を受けて支援事業のあり方を議論する中で、2006年頃から著者の中にあったソーシャル・イノベーション・クラスター構想を持ち出してきました。それから約3年の歳月が流れ、この領域では注目される地域となりました。

　本書は様々な人たちの支援なくしては存在し得なかったでしょう。本書の成果は皆さまのものであり、内容の誤りは著者に帰するものです。本書にかかわった方のお名前を全て書くことはできませんが、その中でも特に京都市ソーシャルイノベーション研究所の太刀川瑛弼氏、髙津玉枝氏、井上英之氏、桜井肖典氏、孝本浩基氏、秋葉芳江氏、川勝美智子氏、山中はるな氏、前田展広氏、京都市役所の仲筋裕則氏、小林かえで氏、および大室研究室アシスタントの杉原恵氏に様々な側面でいろいろサポートいただき、感謝の言葉がみつかりません。そしてSILKのクリエティブ・ディレクターの太刀川瑛弼氏には本書のデザインにもかかわっていただきました。

　本書が少しでも人々が幸せになる社会の構築に貢献できたならば幸いです。最後に長年著者を支えてくれた父や母、そして妻や子供達に感謝し、筆を置きたいと思います。

　　　感謝

2016年7月盛夏の京都にて

【著者紹介】

大室悦賀（おおむろ・のぶよし）
京都産業大学経営学部教授。京都市ソーシャルイノベーション研究所所長。
1961年東京都府中市生まれ。一橋大学大学院商学研究科博士後期課程満期退学。
1985年東京都府中市入職、2007年京都産業大学経営学部専任講師、同准教授を経て、2015年から現職。
共著に『ソーシャルビジネス　地域の課題をビジネスで解決する』（中央経済社、2011年）、『ソーシャル・イノベーションの創出と普及』（NTT出版、2013年）。

サステイナブル・カンパニー入門
ビジネスと社会的課題をつなぐ企業・地域

2016年10月1日　第1版第1刷発行
2018年7月30日　第1版第2刷発行

著　者	大室悦賀
発行者	前田裕資
発行所	株式会社 学芸出版社
	京都市下京区木津屋橋通西洞院東入
	電話 075-343-0811　〒600-8216
印　刷	オスカーヤマト印刷
製　本	新生製本
デザイン	NOSIGNER
編集協力	村角洋一デザイン事務所

© Nobuyoshi OHMURO 2016　　　　　Printed in Japan
ISBN 978-4-7615-2633-7

JCOPY 〈(株)出版者著作権管理機構委託出版物〉
本書の無断複写（電子化を含む）は著作権法上での例外を除き禁じられています。複写される場合は、そのつど事前に、(株)出版者著作権管理機構（電話 03-3513-6969、FAX 03-3513-6979、e-mail: info@jcopy.or.jp）の許諾を得てください。
また本書を代行業者等の第三者に依頼してスキャンやデジタル化することは、たとえ個人や家庭内での利用でも著作権法違反です。

好評発売中

マイファーム 荒地からの挑戦
農と人をつなぐビジネスで社会を変える

西辻一真 著

四六判・192頁・定価 本体1600円＋税

高齢化、跡継ぎ不在、税金問題等の理由から、荒れた田畑、いわゆる耕作放棄地が増えている。農地法の壁や農家の慣習もあり、他人への貸与や転用は難しい。そんな中、付加価値のある農園等で、一般市民と農をつなげるビジネスを立ち上げた若者がいた。その先に目指すのは農の再興だ。新しい手法で切り拓く情熱ベンチャー物語。

CSV観光ビジネス
地域とともに価値をつくる

藤野公孝・髙橋一夫 編著

A5判・264頁・定価 本体2800円＋税

「古くて新しい三方良しのビジネスへ」社会的課題やニーズに対応し、社会を豊かにしながら企業利益を得るCSV（Creating Shared Value）というポーターの考え方が注目されている。地域を豊かにすることもあれば荒廃させることもある観光において、いかに地域とともに共通価値をつくり出すか。13の実践例を軸に研究者と現場からの報告でまとめた初めての入門書。

未来に選ばれる会社
CSRから始まるソーシャル・ブランディング

森摂＋オルタナ編集部 著

四六判・224頁・定価 本体1800円＋税

会社にとっての最大のミッションは組織や事業を永続化すること。その実現には、営利の追求だけでなく、社会全体から支持されることが必須だ。社会満足度を上げ、企業価値を高める「ソーシャル・ブランディング」という戦略。その方法論を、国内外20社以上の成功例から実践的に解説。未来を志向する会社の誠実な強さを探る。